Charles Dickens
REISENDER OHNE GEWERBE

Charles Dickens

REISENDER
OHNE GEWERBE

Nachtstücke

Herausgegeben und
aus dem Englischen übersetzt
von Melanie Walz

C.H.BECK textura

Die Reihe textura wurde vom Verlag
Langewische-Brandt
(Ebenhausen bei München) begründet
und wird seit dem Jahr 2010 vom
Verlag C.H.Beck fortgeführt.

© Verlag C.H.Beck oHG, München 2012
Satz: Janß GmbH, Pfungstadt
Druck und Bindung: Pustet, Regensburg
Umschlaggestaltung: www.kunst-und-reklame.de
Gedruckt auf säurefreiem, alterungsbeständigem Papier
(hergestellt aus chlorfrei gebleichtem Zellstoff)
Printed in Germany
ISBN 978 3 406 63036 1

www.beck.de

INHALT

NEUJAHR

Als ich ein kleines Lebewesen war, dessen Anblick das Auge beleidigte (denn ich stamme aus jener Epoche, als kleine Jungen von ihren Hütern in scheußliche Zwangsjäckchen mit wattierten Schultern und langen Ärmeln gesteckt wurden, und über diesen Jäckchen wurden ihre scheußlichen kleinen Hosen eng zugeknöpft, und mit den Händen in den Taschen wandelten sie trostlos einher, als wären sie scheußliche kleine Feuerzangen, die vergebens nach dem übrigen Kamingerät Ausschau hielten); als ich ein solcher Gegenstand der Verachtung und des Abscheus für jeden vernünftigen Geist war und als – wenn ich meiner Erinnerung und meiner einstigen Selbsterkundung trauen darf – sogar mein kleines Hemd eine luftige und viel Gutgläubigkeit voraussetzende Behauptung darstellte, die keine Ärmel besaß und an meiner Brust endete; als ich dieser ausnehmend unfrohe und ehrlose Vater meiner gegenwärtigen Person war, wurde ich, wie ich mich entsinne, eines Neujahrstages zu dem Bazar am Soho Square in London mitgenommen, wo man mir ein Geschenk kaufen wollte. In meinem Inneren hat sich bis heute der deutliche Eindruck erhalten, dass mich damals eine grimmige und herzlose alte Person weiblichen Geschlechts in die Welt des Spielzeugs mitnahm, eine Person, die nach muffigem getrockneten Lavendel duftete, in schwarzen

Seidenkrepp gekleidet war und eine Tasche mit sich führte, in der ich unterwegs etwas klirren hörte. Ich erinnere mich daran, nebenbei in eine kommoderweise abgelegene Straße, die von der Oxford Street abzweigte, geführt worden zu sein, um geschüttelt zu werden; und nichts konnte je den brennenden Rachedurst stillen, den das Gebaren dieser weiblichen Person in mir weckte, die darauf bestand, mir eigenhändig die Nase zu putzen (ich war erkältet und hatte ein Taschentuch dabei) und zwar nach dem Prinzip des Schraubens. Jahrelang war ich außerstande zu ergründen, warum sie sich die Mühe gemacht haben soll, mir ein Geschenk zu kaufen. Nach reiflicher Überlegung bin ich zu der zweifelsfreien Überzeugung gelangt, dass sie in jungen Jahren etwas Böses getan haben muss und dass sie mich zur Buße mitgenommen hat.

Von dem unbarmherzigen Griff, mit dem diese Frau meinen Handschuh hielt (eine weitere abscheuliche Erfindung jenes dunklen Mittelalters – ein Fausthandschuh, wie eine Handschelle am Handgelenk befestigt), auf die Zehenspitzen gezwungen, wurde ich durch den Bazar gezerrt. Mein kindliches Vorstellungsvermögen (oder Gewissen) vermutete in gewissen entlegenen Verschlägen, hölzernen Käfigen vergleichbar, von denen ich inzwischen nicht grundlos annehme, dass sie zum Anprobieren von Damenkragen und Ähnlichem dienen, entweder finstere Karzer für widerspenstige junge Menschen oder Käfige, in denen die Löwen gehalten wurden, die man mit Jungen zu mästen pflegte, wenn diese behaupteten, sich den Teufel um etwas zu scheren. Unter entsetzlichen Ängsten, die diese geheimnisvollen strafenden Instanzen in mir auslösten, wurde ich vor eine Spielzeugauslage befördert, die dem Augenschein nach eine Fläche von hundertzwanzig Morgen bedeckte, und wurde gefragt, welches Spielzeug im Wert einer halben Krone ich haben wolle. Nachdem ich zuerst alle Gegenstände im Wert einer halben Guinee gewählt hatte und danach alle Wünsche meines Herzens auf jeden Gegenstand im Wert von fünf Shilling gerichtet hatte, verfiel ich zuletzt auf die Pritsche eines Harlekins, bunt bemalt wie der Harlekin selbst.

Obwohl ich von ausgesprochen hoffnungsfroher und phantasievoller Veranlagung war, hegte ich keineswegs den naiven Glauben, dass der Besitz dieses Talismans mich befähigen würde, Mrs. Pipchin an meiner Seite in etwas Angenehmes zu verwandeln. Als ich die Wirkung der Pritsche auf sie hinter ihrem Rücken erprobte, tat ich es eher als hoffnungsloses Experiment und in der Überzeugung, dass sie in nichts Schlimmeres verwandelt werden könne als in irgendeiner Hoffnung auf etwas Besseres. Dennoch klammerte ich mich an die Illusion, dass mir zu Hause mit dieser Pritsche eine Zaubertat gelingen würde; und ich gab die Hoffnung erst auf, als ich mir nach vielen Versuchen die völlige Untauglichkeit des Zauberstabs eingestehen musste. Er hatte keinerlei Wirkung auf die glotzäugige Halsstarrigkeit eines Schaukelpferds; er zauberte keinen lebenden Clown aus der warmen Beefsteakpastete beim Abendessen hervor; er konnte nicht einmal die Gedanken meiner verehrten Eltern dahingehend beeinflussen, dass sie es für geziemend und vernünftig gehalten hätten, mich zum Nachtessen aufbleiben zu lassen.

Das Versagen dieser Zauberpritsche ist meine erste unvergessene Erinnerung an einen Neujahrstag. Andere Zauberpritschen haben mich seitdem ebenfalls im Stich gelassen, doch der

Tag selbst hat sie ersetzt, und seine Wirkung ist unfehlbar. Er ist die beste Harlekinspritsche, die ich je erlebt habe. Er hat die seltsamsten Verwandlungen bewirkt – aber das war einmal –, und seine Fähigkeit, die Vergangenheit wiederzubringen, ist bewundernswert. Auf diesen Zaubertrick ist immer Verlass. Ich werfe meinen kleinen Neujahrstags-Zauberstab hoch und fange ihn auf, klopfe mit ihm den Staub vom Boden zu meinen Füßen, fuchtele ein wenig mit ihm, und die Zeit kehrt ihr Stundenglas um und saust zurück, weitaus geschwinder, als sie je vorwärtseilte.

Neujahrstag. Um welches Fest mag es sich gehandelt haben und um welchen Neujahrstag, als die Wendung «ein Neujahrsfest» sich zum ersten Mal in meinem Geist einnistete? Meine Kindheitserinnerungen reichen so weit zurück, dass ich mich lebhaft daran erinnern kann, in den Armen einer Frau eine Treppe hinuntergetragen worden zu sein und mich fest an sie geklammert zu haben aus Furcht vor der steilen Aussicht nach unten. Daraus ließe sich nicht ohne Berechtigung schließen, dass ich zu jenem Fest getragen worden wäre; auf irgendeine Weise muss ich jedenfalls hingelangt sein, denn ich stand in einer Tür und blickte in einen Raum; und meinem Blick enthüllte sich das Neujahrsfest als eine sehr lange Reihe von Damen und Herren, die mit dem Rücken zur Wand saßen und alle gleichzeitig aus kleinen gläsernen Tassen mit Henkeln tranken, die wie Förmchen für Vanillecreme aussahen. Was für ein Fest mag das gewesen sein? Ich fürchte, es war ein trübseliges Fest, aber ich weiß, dass es stattgefunden hat. Wo mag dieses Fest sich ereignet haben? Davon habe ich nicht die geringste Vorstellung, aber ich weiß mit unumstößlicher Gewissheit, dass es irgendwo gewesen sein muss. Warum alle Gäste auf einmal getrunken haben – und vor allem, warum sie aus Vanillecremeförmchen getrunken haben, das sind Fragen, über die sich schon vor langer Zeit die Wasser der Lethe geschlossen haben. Ich bin mir nicht sicher, dass sie auf den Abschied vom alten Jahr und auf die Begrüßung des neuen Jahrs getrunken haben, denn sie saßen nicht beim Nachtessen und nicht an einem Tisch. Es wurden keine Ansprachen gehalten, es gab kein Hin und Her und kein Umherwirbeln und kein Herumstolzieren. Alle Anwesenden saßen in einer niedrigen Reihe an der Wand – nicht unähnlich meiner ersten Vorstellung von Menschen im Himmel, die ich von einem armseligen Bild in einem Gebetbuch bezogen hatte –, und sie hielten alle den Kopf leicht zurückgeneigt und tranken alle auf einmal. Es ist durchaus möglich, dass ich als Kleinkind aus dem Bett geholt worden war, um einen Blick auf die Gesellschaft zu werfen, und dass die Gesellschaft nur für diesen kurzen Augenblick mit diesem Tun beschäftigt war, aber mir ist es immer so vorgekommen, als hätte ich die Erwachsenen lange Zeit betrachtet – stundenlang – und als hätten sie in dieser Zeit nichts anderes getan; und bis zum heutigen Tag beschwört die zufällige Erwähnung eines Neujahrsfests in meiner Hörweite stets dieses Bild herauf.

An welchem anderen Neujahrstag mag ich der unschuldige Komplize beim Verstecken eines Mannes mit Holzbein gewesen sein – obendrein in einem Kohlenkeller! Im Kreis meiner offiziellen und anerkannten Verwandten und Freunde gab es keinen Mann mit Holzbein. Und doch erinnere ich mich deutlich daran, wie wir den Mann mit dem Holzbein – den wir gut kannten – heimlich in den Kohlenkeller brachten, und dass im

Verlauf des Bemühens, ihn über die Kohlen zu bugsieren, um ihn hinter einer kleinen Trennwand am Ende zu verstecken, sein Holzbein sich zwischen den kleinen Kohlen verfing und sein Hut ihm vom Kopf fiel und er stürzte und auf dem Rücken lag – und ein Schauspiel der Hilflosigkeit abgab. Ich erinnere mich deutlich daran, dass seine Anstrengung, als er sich aus den Kohlen zu erheben und unter diesen unsicheren und unzuverlässigen Umständen Herr über seine Gliedmaßen zu werden versuchte, ein ausnehmend schwieriges Unterfangen war, mit Umständlichkeit und Lärm verbunden, was uns größten Schrecken einflößte. Ich wüsste beim besten Willen nicht zu sagen, wer «wir» waren, abgesehen von meiner kleinen Schwester, die eine unschuldige Komplizin war, und abgesehen davon, dass ein Dienstmädchen die Anstifterin gewesen sein dürfte; und ebenso wenig weiß ich, ob der Mann mit dem Holzbein davor oder danach unser Haus ausgeraubt hat oder ob er sich anderweitig auf schändliche Weise hervorgetan hat. Oder wie es kam, dass eine Katze in die Sache verwickelt wurde und hysterisch wurde und über eine Tür davonsprang. Aber ich weiß, dass irgendetwas Schreckliches uns nötigte, alles zu vertuschen, und dass wir immer «den Mund gehalten» haben. Jahrelang war diese Erinnerung an einen Neujahrstag allein mir vorbehalten, bis ich zuletzt bei besagtem festlichen Anlass, als meine kleine Schwester und ich zufällig unter unseren Kindern saßen, zu ihr sagte: «Erinnerst du dich an den Neujahrstag mit dem Mann mit dem Holzbein?» Worauf ein dichter schwarzer Vorhang, der sie seit ihrer Kindheit bedrückt hatte, sich lüftete und sie genau diese Einzelheit des Mannes sah und nicht mehr. (Kurz vor ihrem Tod hat mir diese kleine Schwester erzählt, dass sie nachts den Geruch des welken Laubs in dem Wald, in dem wir als kleine Kinder spazieren gingen, so übermächtig verspürt hatte, dass sie ihren schwachen Kopf auf dem Kissen bewegte, um nachzusehen, ob neben ihrem Bett verstreute Blätter lagen.)

Neujahrstag. Es war ein Neujahrstag, als ich ein Duell ausfocht. Außer mir vor Liebe und Eifersucht, «forderte» ich einen anderen Mann von Ehre, um meine Liebe zu der reizendsten und falschesten ihres Geschlechts nachdrücklich zu bezeugen. Das Alter der jungen Dame schätze ich mit etwa neun Jahren ein, mein eigenes mit etwa zehn Jahren. Die Herrscherin über mein Herz war mir als die «zweitjüngste Miss Clickitt» bekannt. Ich hatte ihr meine Hand angeboten, und mein Angebot war sehr günstig, aber nicht definitiv positiv beschieden worden. In dieser kritischen Situation tauchte mein Feind – Paynter seines Namens – aus einem Abgrund oder einer Höhle auf und entzweite uns. Das Erscheinen der tückischen Schlange Paynter im Clickitt-Paradies ereignete sich so unerwartet und so schnell, dass ich nicht weiß, woher er kam; ich weiß nur, dass ich ihn eines Nachmittags im späten Dezember auf dieser Erde vorfand, wo er mit der zweitjüngsten Miss Clickitt Verstecken spielte. Sein Betragen bei diesem Anlass war solcherart, dass ich einen Freund als Sekundanten zu ihm schickte. Nachdem er sich leichtfertig meiner Aufforderung zu entziehen versucht hatte, indem er meinem Freund die Mütze abzog und sie in ein Kohlfeld warf, verwies Paynter meinen Abgesandten an seinen Cousin – eine stieläugige Kreatur, seiner würdig. Man einigte sich über alles Erforderliche, und auf meinen eigenen dringenden Wunsch wurde die Begegnung auf den Neujahrstag festgesetzt, damit einer von uns dieses Leben an einem besonderen Tag verlassen konnte. Einen beträchtlichen Teil des letzten Tages des alten Jahrs verbrachte ich mit dem Ordnen meiner Angelegenheiten. Einen ergreifenden Brief und einen Stieglitz versah ich mit der Adresse der zweitjüngsten Miss Clickitt (durch meinen Freund an sie zu übergeben, falls ich fiel), einen weiteren Brief schrieb ich an meine Mutter, und ich verfügte über meinen Besitz; Letzterer bestand aus Büchern, einigen kolorierten Stichen des Vagabundenkönigs Bamfylde Moore Carew, der weisen Frau Mrs. Shipton und anderer Persönlichkeiten in schwülstigem Stil sowie einer recht seltenen Sammlung von Murmeln. Während ich mit diesen letzten Verrichtungen beschäftigt war, litt ich scheußlichste Seelenqualen und weinte ausgiebig. Der Zweikampf sollte mit den Fäusten beginnen und wie auch immer enden. Finstere Vorausahnungen überschatteten meinen Geist, denn aus verlässlicher Quelle hatte ich gehört, Paynter (dessen Vater Zahlmeister eines Regiments war, das in dem Hafen Quartier hatte, in dem unser Zweikampf bevorstand) besitze einen Dolch und sei zum Äußersten entschlossen. Ich selbst verfügte über keine andere Waffe als eine leere Patronenhülse, eine Munition, die uns die Soldaten beim Üben in spärlichen Mengen zukommen ließen, wenn wir uns an ihre Fersen hefteten und sie mit Tabak bestachen, den wir ihnen in altes Zeitungspapier eingewickelt übereigneten, damit sie so taten, als lüden sie die Patronen, ohne es zu tun. Diese Patrone hatte mein Freund und Sekundant mir für den Fall, dass der Kampf einen tödlichen Ausgang nehmen sollte, wärmstens empfohlen, um den feilen Paynter damit zu Fall zu bringen, was zu tun ich mir in der undeutlichen Vorstellung, besagten Gentleman solchermaßen in die

14

Luft zu sprengen, vorgenommen hatte, obwohl die technischen Einzelheiten des Vorgehens nicht sonderlich ausgearbeitet waren. Wir trafen uns in einem abgelegenen Graben, der zur Festung gehörte. Paynter hatte Zugang zu einem Vorratslager mit alter militärischer Ausrüstung, und er erschien in der vorschriftsmäßigen Uniform eines kompletten Gefreiten des Second Royal Veteran Battalion. Ich sehe den Jungen heute noch vor mir, wie er an einem Ende des Grabens aus den Brennesseln tritt und sein furchterregender Anblick mir das Blut in den Adern gefrieren lässt. Die Vorbereitungen wurden getroffen, und wir waren im Begriff, unseren Kampf auszufechten – auf meinen persönlichen Wunsch hin auf das Stichwort: «Die zweitjüngste Miss Clickitt!» In diesem entscheidenden Augenblick ergab sich zwischen den Sekundanten eine Meinungsverschiedenheit bezüglich jenes Artikels im Ehrenkodex, der verbietet, einen Opponenten «unterhalb der Weste zu schlagen»; und ich neige zu der Ansicht, dass der Zwist daraus resultierte, dass mein Sekundant es bewerkstelligt hatte, meine Weste in Höhe meines Kinns zu hieven. Jedenfalls entbrannte der Zwist, und Worte wurden gewechselt, die Paynter, der, wie ich erkannte, ein ausgeprägtes Ehrgefühl besaß, nicht dulden konnte. Er ließ die Waffe sinken und wendete sich an mich mit dem Appell, ob es nicht unsere Pflicht sei, auf unsere Genugtuung zu verzichten, wenn auch noch so unwillig, bis die zwei Gentlemen, die uns als Sekundanten dienten, ihre eigene Ehre wiederhergestellt hätten? Ich stimmte ihm wärmstens zu; ich ließ es dabei nicht bewenden; ich nahm meinen Freund sogleich beiseite und lieh ihm meine Patrone. Unsere Sekundanten jedoch waren unseres Vertrauens so unwürdig, dass sie sich trotz unserer Ermunterungen und unserer empörten Vorstellungen rundheraus weigerten, sich zu duellieren. Dies führte Paynter und mir unmissverständlich vor Augen, dass uns nur ein einziger schmerzlicher Weg zu gehen blieb, ein Weg, der darin bestand, sie zu verlassen («voll Abscheu», wie Paynter sagte, und ich gab ihm recht) und uns Arm in Arm zu entfernen. Unterwegs deutete er an, dass auch er ein Opfer der Tücke der zweitjüngsten Miss Clickitt sei, und als wir uns trennten, hatte ich ihn über alle Maßen lieb gewonnen.

Und schon kehrt ein weiterer Neujahrstag unter dem Einfluss des Zauberstabs wieder, der wirkmächtiger ist als die Pritsche des Harlekins! Welcher spätere Neujahrstag ist das? Es ist der Neujahrstag, an dem die Boles ihre jährliche Einladung geben. Mr. Boles wohnt in einer bergigen, düsteren Hügellandschaft, wo der Wind das ganze Jahr über ohne Unterlass pfeift, wenn er nicht gerade heult. Mr. Boles hat in seinem Haus Kaminwinkel, die so groß sind wie die Zimmer anderer Leute; Mr. Boles' Speisekammer ist die Speisekammer eines liebenswürdigen Riesen, und Mr. Boles' Küche ist der Speisekammer angemessen. In Mr. Boles' Boudoirs sitzt Miss Boles: ein bezauberndes Geschöpf, eine Göttin. In Mr. Boles' Schlafzimmern geht ein Gespenst um. Kurzum, in Mr. Boles' Haus gibt es alles, was man sich nur wünschen kann – und unter Mr. Boles' Haus liegt Mr. Boles' Keller. So viele Neujahrstage habe ich bei Mr. Boles verbracht, dass ich mich wie ein zum Militärdienst eingezogener Sohn der untergegangenen einen und unteilbaren Französischen Republik über eine Reihe regelrechter Beförderungen hochgedient habe: angefangen bei den gemeinen Schlafzimmern, gefolgt von den Schlafzimmern der unteren und oberen Ränge, bis ich an jenem Neujahrstag, den der Zauberstab gerade herbeibeschwört, im Feldmarschall-Schlafzimmer angekommen bin. Aber wo ist Mr. Boles, als ich mich zu diesem Posten hochgedient habe? Ach! Heutigen Tages gehe ich in das windige Schneetreiben hinaus oder in den windigen Frost oder in den windigen Regen oder in den windigen Sonnenschein – denn windig ist das Wetter unfehlbar, mag es sonst sein, wie es will – und besuche Mr. Boles' Grab auf dem kleinen Friedhof, wo die Ulmenallee von den Windstößen gerüttelt und geschüttelt wird, genau wie das Leben, während die einsame dunkle Eibe im Schatten des Glockenturms feierlich ruht, genau wie der Tod. Und Miss Boles? Auch sie ist gegangen, wenn auch nur in das Reich der Matronen, nicht in das der Schatten; und sie ist heute meine Gastgeberin; und sie ist kein bezauberndes Geschöpf mehr (in dem altmodischen Sinn, dass man den Boden, auf dem sie wandelt, küssen wollte); und ich habe meine Leidenschaft für sie zu den Akten gelegt und stelle fest, dass sie einen gesunden Appetit und eine rote Nase hat. Was soll man dazu sagen? Soll die Zeit etwa um meinetwillen anhalten? Es kommen neue Boles, wenn auch unter jenem anderen Namen, für den das bezaubernde Geschöpf, das es nicht mehr gibt (falls es überhaupt je existiert hat), seinen eigenen Namen aufgegeben hat. In den alten Bolesschen Boudoirs gibt es noch immer bezaubernde Geschöpfe und Göttinnen – für irgendjemanden, aber nicht für mich. Und falls ich argwöhne, dass die gegenwärtigen unteren und mittleren Offiziersränge nicht so leidenschaftlich lieben wie ich, als ich jene Ränge innehatte, nicht halb so selbstlos treu ergeben und nicht halb so verzweifelt elend sind, wie ich es war, was hätte das schon zu bedeuten? Es mag so sein, oder es mag nicht so sein; doch die Welt ist schließlich rund und dreht sich unablässig. Wenn mein Menschenschlag kurzzeitig aus der Mode gekommen ist, wird er zum rechten Zeitpunkt wieder an seinen rechten Platz gelangen. Und wer bin ich, dass ich bei aller Selbsterkenntnis das Recht hätte, das tatsächliche oder eingebildete Verschwinden von meinesgleichen zu bejammern? Soll es etwa keine Kuchen geben, nur weil ich sie nicht knete, kein Bier, nur weil ich es nicht braue – obwohl ich gar kein vorbildlicher Charakter bin? Solche Gedanken seien mir fern! Wenn sie mich heimsuchen und sich nicht verscheuchen lassen, dann werde ich mit Gewissheit wissen, dass die Neujahrstage mich eingeholt haben und dass ich innerhalb eines Vorgangs, in dem nichts Geschaffenes je stillsteht, nur zu bald aufhören werde, eine unbedeutende Ungereimtheit zu sein. Und deshalb sage ich: O Neujahrstag der guten alten Boles-Zeiten und all meiner vergangenen Zeiten, mögest du immer willkommen sein! Und deshalb strecke ich meine armselige Hand aus dem Feldmarschall-Zimmer über uns alle aus, ob Gemeine, Offiziere oder Leutnants, alle Bewohner der Boles-schen Gästezimmer, und ersuche um Herzlichkeit und Einigkeit zwischen allen Rängen und erkläre mich freudig bereit, so gut ich kann, bei den neuesten Schritten des Lebenstanzes mitzutun, statt mich ohne Tanzpartner den Totentanz hinunterzubrummen und zu grummeln.

Und schon führt der Zauberstab einen weiteren Neujahrstag herbei, bevor ich mit dem vorherigen geendet habe. Diesmal ist es ein Neujahrstag in Italien, wo das schimmernde Mittelmeer mit einem lila- und violettfarbenen Uferstreifen das erste Blatt in dem Buch des neuen Jahrs bildete, das ich morgens bei

Tagesanbruch umblätterte. An den steilen Abhängen zwischen mir und dem Meer, von Zypresssenhainen und verschlungenen Weinreben belebt, findet sich ein unüberschaubares Gedränge aus Dach an Dach, Kirche an Kirche, Terrasse an Terrasse, Mauer an Mauer, Turm an Turm. Während ich mich frage, ob ich nicht doch, ohne es zuvor erwogen zu haben, ein unmittelbarer Nachkomme des gütigen Harun al-Raschid sein könnte, betrete ich den Mosaikfußboden der Gartenterrasse, sehe den Goldfischen in den Marmorbecken zu, verweile in dem entzückenden Hain aus Orangenbäumen und werde zu einer wandelnden Duftsäule, indem ich ganz unromantisch ab und zu eine unreife Zitrone einstecke, in englischer Manier auf den Punsch später am Abend bedacht. Es ist nicht der Neujahrstag eines Traums, sondern hellwacher Wirklichkeit, der mich in einem Palast residieren sieht, mit einem überaus beliebten Gespenst und fünfundzwanzig Gästeschlafzimmern, über dessen leere Flure mit ihren steinernen und marmornen Fußböden das überaus beliebte Gespenst (der ruhelose Geist eines Pförtners, wie man zu vermuten geneigt wäre) des Nachts das gesamte schwere Mobiliar schleppt. Unten in der Stadt, in der Straße des glücklichen Karl, finden sich zu dieser Stunde und den ganzen Tag über die Neugierigen ein, die den großen Dreikönigskuchen begutachten – *pane dolce numero dodici* oder süßes Brot Nummer zwölf –, der als Geschenk den langen Weg von Signor Gunter an der Piazza Berkeley in Londra, Inghilterra, bis hierher zurückgelegt hat und unterwegs zerbrochen ist und in der Straße des glücklichen Karl zusammengeflickt werden soll und einen unerhörten Anblick bietet. Er kommt vor Einbruch der Nacht zurück (damit der Mann, der ihn auf dem Kopf her-

19

trägt, nicht mehr in der Nähe ist, wenn das Gespenst seinen Auftritt hat) und wird im großen Saal zur Schau gestellt. In dem großen Saal, den wir so hell beleuchten, wie wir es mit all unseren Lichtern vermögen – denn es lässt sich nicht leugnen, dass er ziemlich düster ist –, versammeln wir uns abends, um auf englische Weise munter zu bleiben; und unter «wir» verstehe ich die Handvoll Engländer, die in dieser Stadt leben, und die halbe Handvoll Engländer, die dort in andere Nationen eingeheiratet haben, und den unvergleichlichen alten italienischen Cavaliere, der aus dem Stegreif dichtet, auf der Harfe spielt, komponiert, malt und die ganze Zeit in seinem Garten Büsten der verschiedensten Personen aufstellt. Braun ist das Gesicht des unvergleichlichen alten Cavaliere, doch grün ist sein junges, begeisterungsfähiges Herz, und was wir auch in dieser verrückten Silvesternacht anstellen, der Cavaliere nimmt freudig daran teil und hält alles für eine zutiefst englische Sitte, die von allen Engländern befolgt wird. Wenn wir alberne Scharaden veranstalten oder uns in übermütiger Übertreibung eines ländlichen Tanzes aus alten Zeiten auf die leeren fünfundzwanzig Zimmer verteilen, ist der Cavaliere immer an erster Stelle und ist zutiefst davon überzeugt, dass alle ehrbaren Bürger auf dem Land und alle Bewohner der Großstadt – ob Canterbury Precinct, Whitfield Tabernacle, Saint James's Parish, Clapham oder Whitechapel – unbeirrbar das Gleiche tun; und er ruft: «Liebes England, fröhliches England, jung und fröhlich, du Reich der Phantasie, frei wie die Luft und verspielt wie ein Kind!» So begeistert ist der liebe Cavaliere (gegen drei Uhr morgens und nach den Zitronen), dass er meine Hand nimmt und in seine weiße Weste führt, seine Hände auf meine Hand legt und mit mir als gefügigem Gefangenen im Eingangsraum auf und ab geht, wobei er ein gewaltiges Gedicht über die englischen Sportarten improvisiert, ein Gedicht, das ich ganz gewiss sogleich lückenlos verstehen werde, obwohl ich bisher kein einziges Wort verstanden habe. Doch auch diese schwere geistige Anstrengung ermüdet den Cavaliere nicht, denn nachdem er nach Hause gegangen ist und wer weiß wie lange Harfe gespielt hat, springt er aus dem Bett, ergreift Feder, Tinte und Papier – die mechanischen Werkzeuge aller künstlerischen Bereiche sind stets an seinem Bett zur Hand, damit er für jegliche nächtliche Inspiration gewappnet ist – und verfasst ein ganzes Werk zum gleichen Sujet, wie das tintenfleckige, scheckige Manuskript, das er mir zukommen lässt, bevor ich aufgestanden bin, ergreifend bezeugt. Besagtes Manuskript ist mir gewidmet, dem allererlauchtesten Signore, mit Handkuss, und steht selbstlos jedem englischen Verleger zur Verfügung, den es danach gelüsten sollte, es übersetzen zu lassen.

Und schon beschwört der Zauberstab der Zeit einen weiteren Neujahrstag herbei, und dieser Neujahrstag ist ein französischer und ein eisig-, eisigkalter Tag. Ganz Paris ist unterwegs. Die Boulevards entlang verläuft eine doppelte Reihe von Ständen, ähnlich den Ständen eines englischen Jahrmarkts; und wer unter all den Kurzwaren und harmlosen Glücksspielen hier nichts findet, was ihm zusagt, der muss einen wahrlich wählerischen Geschmack haben. Paris zeigt sich in seinem neuesten und buntesten Gewand. Paris macht dem Universum Geschenke – wobei das Universum bekanntermaßen Paris ist. Paris wird an diesem Tag mehr Bonbons essen als das ganze bonbonreiche Jahr über. Paris wird an diesem Tag üppiger als sonst auswärts speisen. Zu Ehren des Tages der besondere Glanz der stets glanzvollen Schaufenster der Restaurants im Palais-Royal, wo ausgesuchte Sommergemüse aus Algier mit staunenswert großen Birnen aus den fruchtbarsten Gegenden Frankreichs wetteifern und mit fetten kleinen Vögeln in herrlichem Gefieder, frisch vom Himmel. Zu Ehren des Tages das funkelnde Glitzern der Läden voller Süßigkeiten in aller Farbenpracht und in ihrem geschmackvollen und taktvollen Umgang mit Kleinigkeiten. Zu Ehren des Tages die neue Revue – Melodramen im Theater der Variétés und im Theater des Vaudeville und im Theater des Palais-Royal. Zu Ehren des Tages das neue Drama in sieben Akten und mit unvorhersehbaren Bildern im Theater des Doppelsinnigen und Komischen, im Theater an der Porte St. Martin und im Theater der Fröhlichkeit, in welch letzterem Etablissement ein schwermütiger Engländer durch allzu starkes Interesse für zwei Wochen in Trübsinn verfallen kann. Zu Ehren des Tages die Extra-Ankündigungen dieser und fünfzig weiterer Theater und die Schlangen von Uniformjacken, die schon um drei Uhr nachmittags im kalten Wind auf dem kalten Straßenpflaster vor den Theatern zusammengepfercht ausharren. Trotz Wind und Frost sind die Champs-Elysées und der Bois de Boulogne voller Equipagen, Reiter und Fußgänger, während die befremdliche, finstere, ungesunde und keinen Schlaf zu kennen scheinende Welt der Speisehäuser, Sepulkralsteinmetze, Tanzsäle, Friedhöfe und Weinhandlungen außerhalb der Stadtgrenzen nicht weniger dicht bevölkert ist als die Straßen der Innenstadt von Paris, und in beiden Hemisphären herrscht auffällig die allgemeine Neigung vor, jede öffentliche Sitzgelegenheit zu benutzen, selbst wenn es den Tod durch Erfrieren bedeuten könnte, und auf jedem Karussell zur Musik einer Drehorgel mitzufahren, als erfüllte man eine unumgängliche Pflicht. Und schon wird dieser Neujahrstag von der Dunkelheit übermannt, und die strahlend hell beleuchtete Stadt erlischt wie die Gärten der Zauberlaterne, und die zusammengepferchten Uniformjacken begeben sich gehorsam in die Theater, und die Geheimpolizisten, denen es nichts Ungewohntes ist, sich auf ihre Regenschirme zu stützen, während sie des Nachmittags die Menschheit überwachen, und die Karten zu günstigen Preisen zu verkaufen haben, sind sehr geschäftig, und die Kassiererinnen in ihren uneinnehmbaren Eisenkäfigen sind ebenfalls geschäftig, und die drei Kartenabreißer, die hinter einer Brustwehr in einer Reihe stehen, sind ebenfalls geschäftig, und die Platzanweiserinnen mit ihren Fußschemeln werden allmählich ebenfalls geschäftig, doch noch nicht allzu sehr, und der Vorhang hebt sich für das Stück, das gespielt wird, nachdem der Vorhang sich gehoben hat, und der trübsinnige junge Herr mit dem dichten schwarzen Haarschopf und dem neuen schwarzen Schnurrbart ist so verliebt wie eh und je in die junge Dame mit den auffallend gebogenen Augenbrauen und der auffallend piepsigen Stimme, und der erfahrene Freund des trübsinnigen jungen Herrn (welcher Freund in der Regel etwas kaut, und ich frage mich, was), der am Kaminsims lehnt und dem trübsinnigen jungen Herrn Lektionen über das Leben erteilt, ist so blasiert wie eh und je, und es verblüfft mich wahrhaftig, dass sie immer dasselbe und nie etwas anderes tun und dass ich keinen Zusammenhang zwischen ihnen und dem großen Ereignis des Abends entdecken kann und dass ich gern wüsste, ob sie nach Hause gehen, wenn sie das immer Gleiche getan haben, oder was mit ihnen geschieht. Unterdessen trägt die Nachtluft Kochdüfte aus den Küchen der Restaurateure herüber, und die Gäste im Café de Paris und im Café Aux Trois Frères Provenceaux und im Café Véfour und im Café Very und in der Maison Dorée und in anderen erstklassigen Etablissements werden in wahren Dschungeln von Spiegeln gespiegelt und sitzen auf rotem Samt und bestellen ihr Abendessen aus in roten Samt eingeschlagenen Büchern, während die Bürger im Café Les Champeaux im Börsenquartier und in anderen Etablissements der zweiten Ordnung auf Stühlen mit Sitzen aus Binsengeflecht sitzen, mit einer Speisenbibliothek, die in einfaches Leder gebunden ist, doch sie speisen ebenfalls gut; und beide Gesellschaften haben viele Kinder dabei (was mich erfreut, obwohl ich fürchte, dass das Leben für sie mit Gallenbeschwerden beginnt) und stimmen darin überein, dass sie alles essen, was ihnen vorgesetzt wird. Doch nun ist es acht Uhr an diesem Abend des Neujahrstags. Die neuen Melodramen werden gleich ihren Anfang nehmen, in den Foyers und Räumen der Theater ertönt energisches Klingeln, Zigarren, Kaffeetassen und kleine Gläser werden hastig verlassen, und ich finde mich im Publikum eines Revuestücks wieder, bei dem mir auffällt, dass der Bauch des englischen Gentleman nicht sehr glaubwürdig ist, weil er ihm nicht passt, und bei dem ich bezweifle, dass der Gang der englischen Dame auf den Zehenspitzen mit auf- und rückwärtsgerichtetem Zucken eine akkurate Wiedergabe nationaler Eigenschaften darstellt. Die Revue bezieht ihren Stoff aus verschiedenen Zeiten und Quellen, und nachdem ich den Psalmisten David in seinem spaßigen Auftritt mit Mohammed und Abd el-Kader gesehen habe und den besten Scherz und das beste Lied gehört habe, die in Evas Rolle (eine reizende junge Dame, die sich allerdings, wie ich fürchte, erkälten könnte) vorgesehen sind (in der Szene, in der sie mit Sieur Framboise zusammentrifft), denke ich mir, ich könnte nun zum Theater der Fröhlichkeit gehen und sehen, was man sich dort ausgedacht hat. Mein Glück will es, dass ich rechtzeitig ankomme, um zu erleben, wie der hoch geachtete Mann soeben mit der Ehefrau des weit weniger geachteten Mannes durchgebrannt ist, den das Schicksal zum Langweiler erkoren hat, und um zu erleben, wie ihr ehrbarer Vater gerade vom Land zur einen Tür hereinkommt und dem Vater des hoch geachteten Mannes begegnet, der vom Land zu einer anderen Tür hereinkommt, und zu hören, wie sie einander verwünschen – ihr Vater ihn und sein Vater sie –, was einen kriegerischen Herrn von stattlicher Statur und dunklem Kolorit in der benachbarten Loge so heftig ergreift, dass er das Taschentuch aus seinem Hut nimmt, um seine Tränen zu trocknen, und dabei mehrere große Zuckerstücke hervorholt, die er beim Kaffeetrinken eingesteckt hat und die nun über meine Beine kullern, was mich sehr verstört und ihn überhaupt nicht. Da der letzte Vorhang offenbar für lange Zeit gefallen ist, kommt es mir in den Sinn, ein wenig weiterzuspazieren – zum Beispiel zum Theater der Seiltänzer – und zu sehen, was sich dort tut. Im Theater der Seiltänzer treffe ich Pierrot auf einer Reise an. Ich weiß, dass er sich auf einem Schiff befindet, weil es nur Himmel zu sehen gibt; und dass die Mannschaft in die Takelung geklettert ist, leite ich daraus ab, dass zwei Strickleitern die Bühne kreuzen und oben zusammentreffen; und auf beiden hängt in halber Höhe eine reglose junge Dame in männlicher Aufmachung mit höchst unseemännischen rosa Beinen, die das Publikum betrachtet. Dieses Schauspiel erinnert mich an einen anderen Neujahrstag zu Hause in England, an dem ich sah, wie der wackere William, Liebhaber der schwarzäugigen Susanne, von einem Kriegsgericht abgeurteilt wurde, das ausschließlich aus Damen bestand, die sichtbare Kämme in den Haaren trugen, mit Ausnahme des den Vorsitz führenden Admirals, der so betrunken war, dass ich mit größten Bedenken der eventuellen Katastrophe entgegensah, falls er es sich in den Kopf setzen sollte, den Übeltäter «nicht schuldig» zu erklären. Und an diesem heutigen Neujahrstag sehe ich Pierrot auf die verschiedensten Arten so schrecklich unter Seekrankheit leiden, dass ich ihn bald genug der Obhut der versammelten Seiltänzer überlasse, doch nicht bevor ich mich aus dem Theaterzettel darüber informiert habe, dass selbst im Fall dieses Melodrams wie bei allen anderen französischen Theaterstücken zwei Autoren erforderlich sind, um es zu verfassen. Und so verbringe ich diesen Neujahrsabend, diesen französischen Neujahrsabend, damit, mich bis Mitternacht umzusehen; und als ich auf dem Nachhauseweg in ein Café einkehre, treffe ich auf die älteren Männer, die dort immer Domino spielen oder einander beim Dominospiel zusehen und die ganz in ihrer Beschäftigung aufgehen, völlig unbeeindruckt von dem Treiben und der Neuheit des Tages und ohne jedes Interesse am neuen Jahr.

DIE NACHTPOST NACH CALAIS

Ich kann mich bis heute nicht recht entscheiden, ob ich Calais in meinem Testament ein hübsches Sümmchen vermachen oder ob ich der Stadt alles Üble wünschen will. Ich verabscheue sie so sehr und freue mich dennoch immer wieder so sehr, sie zu sehen, dass ich diese Frage nie beantworten kann.

Als ich Calais kennenlernte, war es ein jämmerliches junges Ding, feucht und schwitzend und salzige Krümel absondernd, das keine Probleme kannte als das eine große Problem namens Seekrankheit, nichts weiter als ein gallsüchtiger Torso mit verschobenen Kopfschmerzen, die ihm in den Magen gelangt waren, das im Hafen von Dover in eine schreckliche Schaukel gesteckt worden und an der französischen Küste benommen aus ihr hinausgeklettert war oder auf der Isle of Man oder wo auch immer. Die Zeit ist vergangen, und ich betrete Calais heute selbstgewiss und besonnen. Ich weiß im Vorhinein, wo es sich befindet, ich halte Ausschau nach ihm, ich erkenne seine Wahrzeichen, wenn ich sie sehe, ich bin mit seinen Gepflogenheiten vertraut – und ich bin mit seinem schlimmsten Betragen vertraut und kann es ertragen.

Boshaftes Calais! Im Wasser lauernder Alligator, der den Blicken ausweicht und die Hoffnung enttäuscht! Ausweichender flacher Küstenlandstrich, im einen Augenblick an dieser und im nächsten an jener Biegung gelegen, im einen Augenblick hier, im nächsten dort und im übernächsten nirgendwo! Vergeblich ermahnt Kap Grinez, das frank und frei ins Meer hinausragt, die Zaudernde, sich ein Herz zu fassen und die Zähne zusammenzubeißen; das heimtückische Calais, hingestreckt hinter seiner Sandbank, sorgt für an Brechreiz grenzende Verzweiflung. Selbst wenn es sich nicht mehr hinter seiner schlammigen Werft verstecken kann, hat dieses Calais eine üble Art zu enttäuschen, die mutraubender ist als seine Unsichtbarkeit. Der Kai ragt fast auf den Bugspriet, man denkt, man wäre angelangt, aber – gurgel, schäum, spritz – schon hat Calais sich meilenweit ins Landesinnere zurückgezogen, und Dover ist ins Meer hinausgerückt, um nach Calais Ausschau zu halten. Dieses Calais hat etwas unerwartet Verschlagenes und Unredliches in seinem Charakter, das den Göttern der Unterwelt ganz besonders zur Beachtung empfohlen werden sollte. Dreimal verflucht sei diese Garnisonsstadt, die sich unter dem Kiel des Schiffs wegduckt und eine oder zwei Seemeilen zur Rechten wieder auftaucht, während der Postdampfer bebt und spritzt und die Stadt auszumachen versucht!

Nicht, dass ich Dover keine Animositäten entgegenbrächte. Ganz besonders verabscheue ich die Stadt für die Selbstgefälligkeit, mit der sie sich zur Ruhe begibt. Sie begibt sich unwandelbar (wenn ich nach Calais fahre) mit einem prunkvolleren Schauspiel von Lampen und Kerzen zu Bett als jede andere Stadt. Mr. und Mrs. Birmingham, die Wirte des Lord-Warden-Hotels, sind hoch geschätzte Freunde, doch sie bilden sich zuviel auf den Komfort ihres Hauses ein, wenn die Nachtpost aufbricht. Ich weiß, dass dieses Gasthaus ein gemütlicher Ort für einen Aufenthalt ist, aber ich will dieses Wissen nicht zu nächtlicher Stunde an allen einladenden, hell erleuchteten Fenstern ablesen. Ich weiß, dass das Hotel Warden ein festverankertes Gebäude ist, das sich nie einfallen lassen würde zu taumeln oder zu schlingern, und ich verwahre mich dagegen, dass seine massive Front diesen Eindruck erweckt und sich allem Anschein nach auf mich zu stürzen scheint, wenn ich an Deck des Schiffs umhertaumle. Und zum Teufel mit dem Warden dafür, dass es diese Ecke verstellt und den Wind so erzürnt, der um die Ecke braust. Weiß ich etwa nicht, dass er bald genug ohne Einmischen des wichtigtuerischen Warden-Hotels wehen wird?

Während ich hier an Bord des nächtlichen Postdampfers darauf warte, dass der South-Eastern-Zug mit der Post kommt, will mir Dover erscheinen, als wäre es für ein überaus ärgerliches Spektakel illuminiert mit dem Zweck, mich persönlich zu kränken. Aller Lärm kündet von spöttischen Verherrlichungen des Landes und von Schmähungen der düsteren See und meiner, der ich sie befahre. Die Trommeln oben auf dem Hügel haben sich zu Bett begeben, denn sonst würden sie ganz gewiss Schmähgesänge gegen mich anstimmen, weil ich mich unsicheren Fußes auf dem schlüpfrigen Deck bewege. Die vielen Gaslichtaugen der Seepromenade zwinkern höchst unerfreulich, als wollten sie mich verspotten. Die fernen Hunde von Dover bellen mich in meiner unförmigen Umhüllung an, als wäre ich Richard der Dritte.

Kreischen, Glockengeklingel und zwei rote Augen, die den Admiralty Pier mit einer Geschmeidigkeit entlangkommen, die durch die Bewegung des Schiffs noch geschmeidiger wird. Das Meer klatscht gegen den Kai mit einem Geräusch, als leckten ihn mehrere Nilpferde ab, von Umständen, auf die sie keinen Einfluss haben, daran gehindert, in Ruhe zu trinken. Wir, das heißt das Schiff, werden in heftige Bewegung versetzt – ein Rumpeln, ein Summen, ein Quietschen, ein Knarren, und jeder Radkasten bildet einen eigenen gigantischen Familienwaschtag. Bunte Flecken sprenkeln die Menschenmenge, als die Türen der Postwaggons geöffnet werden und Menschen mit Säcken auf dem Rücken zwischen den Pfeilern sichtbar werden, die sich sofort ducken und wie eine Gespensterprozession auf dem Weg zum nassen Grab hinuntersteigen. Die Passagiere kommen an Bord – einige undurchsichtige Franzosen mit Hutschachteln, die aussehen wie die Stöpsel riesiger eckiger Flaschen, einige undurchsichtige Deutsche in riesigen Pelzmänteln und Stiefeln, einige undurchsichtige Engländer, die gegen das Schlimmste gewappnet sind und so tun, als rechneten sie nicht damit. Wie soll ich meinem reisenden Verstand ohne Gewerbeschein den jammernswerten Umstand verhehlen, dass wir ein Häufchen Gestrandeter sind, dass diejenigen, die sich um uns bemühen, so wenige sind, wie sich mit dem Wunsch vereinbaren lässt, uns so schnell wie möglich loszuwerden, dass sich keine Nachtschwärmer für uns interessieren, dass die unwilligen Lampen bei unserem Anblick erzittern und erschauern, dass alles nur den einen Wunsch hat, uns in die Patsche zu bringen und dort stecken zu lassen? Oho, die zwei roten Augen, die in zunehmender Ferne glühen, und dann ist der ganze Eisenbahnzug zu Bett gegangen, bevor wir abgelegt haben!

Worin besteht die moralische Unterstützung, die manche Seereisende des Amateurstands aus ihrem Regenschirm beziehen? Warum spannen gewisse Kanalüberquerer diesen Gegenstand immer auf und halten ihn mit grimmiger und finsterer Entschlossenheit empor? Ein Mitgeschöpf neben mir – das ich nur an seinem Regenschirm als Mitgeschöpf erkenne, denn ohne ihn könnte es ebensogut ein dunkles Stück Klippe, Kaimauer oder Schott sein – umklammert den Knauf des Instruments mit einem eisernen Griff, den es erst lockern wird, wenn es in Calais landet. Gibt es in manchen Naturen eine Entsprechung zwischen dem Hochhalten eines Regenschirms und dem Aufrechterhalten der Lebensgeister? Eine Trosse, die laut plumpsend an Bord landet, erwidert: «Klarstehen!», «Klarstehen da unten!», «Halbe Drehung voraus!», «Halbe Drehung voraus!», «Halbe Geschwindigkeit!», «Halbe Geschwindigkeit!», «Hafen!», «Hafen!», «Kurs halten!», «Kurs halten!», «Voran!», «Voran!»

Ein massiver Holzkeil, der meinen Kopf von der linken bis zur rechten Schläfe durchdringt, ein schwankender Bodensatz lauwarmen Öls in meiner Kehle und das Zusammendrücken meines Nasenrückens durch einen martialischen Kneifer: Das sind die persönlichen Empfindungen, die mir sagen, dass wir abgelegt haben, und die mir diesen Umstand weiterhin vermitteln werden, bis ich französischen Boden betrete. Meine Symptome haben kaum Zeit gehabt, sich gemütlich einzurichten, als vereinzelte vorbeischlitternde Schatten, die zu gehen oder zu stehen versuchen, zusammenprallen und andere vereinzelte Schatten in Ölkleidung mit ihnen in Winkel schlittern und sie zudecken. Und dann beginnen die Lichter des Leuchtturms von South Foreland auf eine Weise zu uns hinüberzuhicksen, die nichts Gutes verheißt.

Etwa um diese Zeit kennt mein Hass auf Calais keine

Grenzen mehr. Innerlich gelobe ich ein weiteres Mal, dass ich dieser verabscheuten Stadt nie vergeben werde. Ich habe es zwar schon wiederholte Male getan, aber damit ist es vorbei. Ich will ein Gelübde tun: Unerbittliche Feindschaft mit Calais für alle Zei... – das war ein scheußlicher Seegang, und der Schornstein scheint meine Meinung zu teilen, denn er stößt ein klagendes Heulen aus.

Eine steife Brise weht aus Nordosten, es herrscht hoher Seegang, wir nehmen eine Menge Wasser auf, die Nacht ist kalt und dunkel, und die formlosen Passagiere liegen als traurige Bündel verstreut, als wären sie für die Wäscherei aussortiert; doch ich für mein Teil als Reisender ohne Gewerbeschein kann nicht behaupten, mich von diesen Dingen sonderlich belästigt zu fühlen. Ein allgemeines Heulen und Pfeifen und Klatschen und Glucksen und Schaufeln und eine allgemeine Tendenz der Natur zur Grobheit sind mir durchaus bewusst, doch meine Eindrücke sind insgesamt eher undeutlicher Art. In süßlich-friedfertiger Gemütsverfassung, dem Geruch beschädigter Orangen nicht unähnlich, denke ich mir, wenn ich Zeit hätte, empfände ich mattes Wohlwollen. Aber ich habe keine Zeit, weil ich mich dem merkwürdigen Drang ausgeliefert finde, mich mit irischen Liedern zu beschäftigen. «Mit edlen Steinen geschmückt sie war» ist das Lied, das mich ganz besonders in seinen Bann zieht. Ich singe es vor mich hin, auf die bezauberndste Weise und mit dem gefühlvollsten Ausdruck. Ab und zu hebe ich den Kopf (ich sitze in der allerunbequemsten durchnässten Haltung auf dem allerhärtesten nassen Sitzplatz, doch das macht mir nichts aus) und stelle fest, dass ich ein hin- und herwirbelnder Federball zwischen dem feurigen Schläger in

Form eines Leuchtturms an der französischen Küste und dem feurigen Schläger in Form eines Leuchtturms an der englischen Küste bin; aber das macht mir weiter nichts aus, abgesehen davon, dass es meinen Hass auf Calais noch kräftiger schürt. Dann singe ich wieder: «Mit edlen Steinen geschmückt sie waaar und golden der Ring an ihrem Staaab, doch ihre Schönheit allen Schmuck übertraaaf» – und auf meine Wiedergabe dieser Stelle bin ich besonders stolz, als ich eine neue scheußliche Bewegung des Meeres bemerke und einen neuen Protest des Schornsteins und einen Mitreisenden, dem am Radkasten hörbarer als für meine Bergriffe erforderlich unwohl ist – «Ob funkelnde Steine oder schneeweißer Stab, ihre Schönheit all das übertraaaf» – und wieder eine scheußliche Bewegung, und der Mitreisende mit dem Regenschirm geht zu Boden und wird wieder aufgerichtet – «Ihre funkelnden Steine oder ihr Backbord! Backbord! Kurs halten! Kurs halten! Schneeweißes Geschöpf sehr selbstsüchtig hörbar am Ruderkasten, rumms bumms Seegang weißer Stab.»

So, wie meine Beschäftigung mit dem irischen Liedgut damit zu tun hat, dass ich nur lückenhaft wahrnehme, was um mich herum vorgeht, so wird das, was um mich herum vorgeht, zu etwas anderem, was es gar nicht ist. Die Heizer unten öffnen die Türen des Heizkessels, um das Feuer zu unterhalten, und ich sitze mit einem Mal auf dem Kutschbock der alten Exeter-Telegraphen-Eilpost, und das ist das Licht der für alle Zeiten erloschenen Kutschenlaternen, und der Lichtschein an den Luken und den Radkästen ist *deren* Lichtschein, der auf Bauernkaten und Heuschober fällt, und das eintönige Geräusch der Maschinen ist das unablässige Geklingel des göttlichen Gespanns. Und nun wird das stoßweise vom Schornstein getätigte Protestgeheul bei jedem heftigen Wellengang zu dem regelmäßigen Getöse einer Maschine unter Hochdruck, und ich erkenne den ausnehmend explosiven Raddampfer wieder, mit dem ich den Mississippi hinauffuhr, als es noch keinen Amerikanischen Bürgerkrieg gab, sondern nur dessen Ursachen. Ein Stück Mast, auf welches das Licht einer Laterne fällt, ein Tauende und ein ruckender Block oder Klotz beschwören Franconis Zirkus in Paris herauf, wo ich mich, so Gott will, am heutigen Abend befinden werde (denn inzwischen muss es Morgen sein), und sie tanzen gleichzeitig und zur gleichen Musik wie das dressierte Ross mit Namen Schwarzer Rabe. Worin die Eigenheit der heranbrausenden Wogen bestehen mag, kann ich nicht erkunden, weil ihre funkelnden Steine mich wieder beschäftigen, doch sie haben etwas mit Robinson Crusoe zu tun, und ich glaube, in Yarmouth Roads heuerte er zum ersten Mal als Seemann an und wäre in seinem ersten Sturm fast gekentert (was für einen schrecklichen Klang dieses Wort in meiner Kindheit für mich hatte!). Dennoch muss ich sie mitten unter alledem zum fünfzigsten Mal fragen (und ich frage mich allmählich, wer sie gewesen sein mag!), immer wieder, ohne Unterlass, ob «ohne Furcht sie wandelt den Weg im dunklen Wald ohne Halt, ohne Steg» und ob «Erins Söhne so kalten Sinns, dass ihr Herz nicht gerührt ward von noch mehr Mitreisenden am Radkasten oder goldenem Glanz» und: «O nein, edler Herr, ohne Furcht ist mein Herz, nie würde ein Sohn Erins mir zufügen Schmerz, denn trotz ihrer Freude an, Mitreisender mit Regenschirm wieder zu Boden gegangen, goldnem Gewinn, edler Herr, was für eine scheußliche Welle, steht nach Ehre und Tugend noch mehr

34

ihr Sinn – ja, trotz ihrer Freude an Steward mit heller Blend-laterne, sie werden Ihre Fahrkarte kontrollieren wollen, edler Herr – ungemütliche Überfahrt heute Nacht!»

Ich gestehe freimütig ein, dass es ein jämmerlicher Beweis menschlicher Schwäche und Unbeständigkeit ist, doch kaum sind mir die letzten Worte des Stewards ins Bewusstsein ge-drungen, beginne ich Calais gegenüber nachsichtigere Gefühle zu entwickeln. Während ich zuvor voller Rachsucht gewünscht hatte, jene Bürger von Calais, die auf kurzem Weg aus ihrer Stadt in die Geschichte Englands gelangten, mit den fatalen Stricken um den Hals, an denen sie seitdem auf so viele Witz-bilder geschleppt wurden, wären alle auf der Stelle gehenkt worden, beginne ich sie nun für ausgesprochen ehrbare und verdienstvolle Geschäftsleute zu halten. Wenn ich den Blick schweifen lasse, sehe ich das Leuchtturmlicht von Kap Grinez weit achtern des Schiffs auf den leewärtigen Davits und das Licht des Hafens von Calais, der wieder einmal seine alten Spielchen spielt, aber unstreitig vor uns liegt und beleuchtet ist. Empfindungen der Milde für Calais, um nicht zu sagen: der Zu-neigung zu Calais, weiten mir das Herz. Ich könnte mir fast vorstellen, auf der Rückreise einen oder zwei Tage dort zu ver-bringen. Ein verwelkter Fremder, der vornübergebeugt in einer versonnenen Träumerei am Rand eines Kübels innehält, fragt mich, was für ein Ort dieses Calais sei. Ich sage ihm (der Him-mel vergebe mir!), es sei ein alles in allem recht angenehmer Ort – eher hügelig.

So sonderbar vergeht die Zeit und letzten Endes so schnell, dass ich – obwohl es mir noch immer erscheinen will, als hätte ich eine ganze Woche an Bord geweilt – in den Hafen von Calais geschleudert gerollt gegluckst gespült und geworfen werde, bevor ihr jungfräuliches Lächeln sie zuletzt mit seinem Licht durch die grüne Insel zu führen geruht, was sie schöpfen lässt neuen Mut, da sie Calais erreicht hat mit der Flut. Denn wir müssen heute Nacht nicht unten bei dem schlammigen Holz an Land gehen, das mit grünen Haaren bedeckt ist, als wäre es der Lieblingsplatz, an dem die Meerjungfrauen sich die Haare kämmen, wo man wie eine gestrandete Garnele an die Oberfläche des Piers krabbelt, sondern wir dampfen den Hafen hinauf bis zum Bahnhofskai. Unterwegs wirft sich das Meer zwischen Pfosten und Planken mit schweren, heftigen Bewegungen und ausgesprochen tobend (worauf wir stolz sind) hin und her, und die Laternen schaukeln im Wind, und die Glocken von Calais, die ein Uhr schlagen, scheinen ihre Klänge nur mühsam gegen die tosende Luft zu stemmen, so, wie wir uns gegen das gurgelnde Wasser gestemmt haben. Und nun, in der plötzlichen Erleichterung, mit der man sich das Gesicht abwischt, scheint jedermann an Bord von einem gigantischen entzündeten Backenzahn befreit worden und soeben den Händen des Zahnarztes entronnen zu sein. Und nun wird uns allen zum ersten Mal bewusst, wie durchnässt wir sind und wie kalt uns ist und wie salzig wir sind; und nun liebe ich Calais von ganzem Herzen!

«Hôtel Dessin!» (doch in diesem Fall ist es kein bloßer stimmlicher Ausruf, sondern es ist nur der strahlende Glanz in den Augen des herzlichen Vertreters dieses herrlichsten aller Gasthöfe). «Hôtel Meurice!», «Hôtel de France!», «Hôtel de Calais!», «Se Royal Hôtel, Sir, englise Aus!», «Sie farr nach Parri, Sir?», «Ihr Gepäck, nach Ihne, Sir?» Seid gesegnet, ihr Schlepper, seid gesegnet, ihr Dienstmänner, seid gesegnet, ihr rätselhaften Wesen mit Mützen militärischen Schnitts und mit hungrigem Blick, die ihr immer hier zu finden seid, tags wie nachts, bei schönem wie bei scheußlichem Wetter, die ihr nach unergründlichen Beschäftigungen sucht, die ich euch niemals erlangen sehe! Seid gesegnet, ihr Zollbeamte in Grün und Grau; erlaubt mir, die willkommenen Hände zu ergreifen, die sich beiderseits in meine Reisetaschen senken und sich an deren Grund begegnen, wo sie meine Leibwäsche aufschütteln, als handelte es sich bei ihr um ein Quantum Spreu oder Getreide! Ich habe nichts zu verzollen, Monsieur le Douanier, nur das eine, dass man das Wort Calais in mein Herz eingeschrieben finden wird, wenn ich den Atem aushauchen werde. Keinen zollpflichtigen Artikel führe ich mit mir, Monsieur l'Officier de l'Octroi, sofern nicht die Herzensergießungen einer Brust, die Ihrer bezaubernden Stadt huldigt, als solcher gelten sollten. Oh! Seht nur im flimmernden Licht der Laterne an der Laufplanke meinen engsten Freund und Bruder, den Mann von der Passbehörde, den Mann, der die Namen einsammelt! Möge er für alle Zeiten unverändert bleiben in seinem schwarzen zugeknöpften Überzieher mit seinem Notizbuch in der Hand und mit seinem schwarzen Zylinder, der sein rundliches, freundliches und geduldiges Gesicht überragt! Umarmen wir uns, mein liebster Bruder. Ich bin *à tout jamais* der Ihrige – für alle Zeiten.

Calais hinauf und am Bahnhof beschäftigt, und Calais hinunter und in seinem Bett träumend; Calais mit etwas wie einem «alten fischigen Geruch» und Calais vom Wind leer gefegt und vom Meer überschwemmt; Calais am Buffet in Form von schmackhaftem gebratenen Geflügel, heißem Kaffee,

Cognac und Bordeaux; und Calais überall in Form herumflitzender Menschen unter der Zwangsvorstellung, Geld wechseln zu müssen – obwohl ich in meiner gegenwärtigen Verfassung niemals begreifen werde, wie sie davon leben können, aber ich vermute, dass ich es begreifen könnte, wenn ich imstande wäre, das Währungsproblem zu begreifen –, Calais *en gros* und Calais *en détail*, vergib demjenigen, der dir solchen Tort angetan hat. – Ich war mir dessen am anderen Ufer nicht ganz gewahr, aber es ging mir um Dover.

Kling, kling! Zu den Kutschen, meine Herren Reisende. Steigen Sie ein, meine Herren Reisende, nach Hazebroucke, Lille, Douai, Brüssel, Arras, Amiens und Paris! Als bescheidener Vertreter des Reisens ohne Gewerbeschein steige ich mit den anderen ein. Der Zug ist heute Nacht nicht voll besetzt, und ich teile das Abteil nur mit zwei Reisegefährten; einer ist ein Landsmann mit veralteter Halsbinde, der es ziemlich unbegreiflich findet, dass man sich in französischen Eisenbahnen nicht an die «Londoner Zeit» hält, und den meine schüchterne Bemerkung, dass sie sich vielleicht lieber an der Pariser Zeit orientieren, verärgert; der andere ist ein junger Priester mit einem sehr kleinen Vogel in einem sehr kleinen Käfig, der den kleinen Vogel mit Hilfe eines Federkiels füttert und ihn dann in das Netz über seinem Kopf befördert, wo der Vogel zwitschernd bis zum Rand seines Drahtgeflechts kommt und mich auf wahlkämpferische Weise anzusprechen scheint. Der Landsmann (der in dem Schiff übergesetzt hat und den ich als jemand Bedeutenden einschätze, weil er wie ein stattliches Kaninchen in einem Stall an Deck eingesperrt war) und der junge Priester (der in Calais zu uns stieß) sind bald eingeschlafen, und dann können der Vogel und ich uns nach Herzenslust ganz allein unterhalten.

Noch immer eine stürmische Nacht, eine Nacht, welche die Drähte der elektrischen Telegraphenleitungen mit ungestümer und ungebärdiger Hand schüttelt, eine so stürmische Nacht, mit dem zusätzlichen Stürmen der dahinrasenden Eisenbahn, dass der Schaffner, der lärmend herbeistapft, um die Fahrkarten zu lochen, während wir mit Höchstgeschwindigkeit fahren (ein wahrhaft entsetzliches Schauspiel in einem Schnellzug, obwohl er sich auf die denkbar gelassenste Weise mit den Ellbogen am offenen Fenster festhält), in einem solchen Wirbelwind steht, dass ich ihn am Kragen festhalte und es fast für Totschlag halten würde, ihn loszulassen. Doch als er gegangen ist, hockt der kleine Vogel noch immer nahe am Gitter seines Käfigs und zwitschert mir leise zu – zwitschert und zwitschert, bis ich mich zurücklehne und ihn mit schläfriger Faszination betrachte und er meinem Gedächtnis nachzuhelfen scheint, während wir dahinsausen.

Die Reisen der Reisenden ohne Gewerbeschein (so der winzig kleine Vogel) sind auf ihre müßige und ziellose Weise durch dieses ganze Gebiet der Sümpfe und Gräben ebenso verlaufen wie durch viele andere sonderbare Landschaften; und in dieser Gegend hier, wie Sie sehr wohl wissen, befinden sich die kuriosen alten steinernen Bauernhäuser mit Zugbrücken als Zugang und die Windmühlen, die man mit dem Boot erreicht. Hier ist das Land, wo die Frauen hacken und graben und wie im Kanu von einem Feld zum anderen paddeln, und hier gibt es die Tavernen und Bauernkaten, wo die steinernen Taubenschläge in den unordentlichen Höfen so massiv gebaut sind wie Wachttürme alter Burgen. Hier gibt es die eintönigen, meilenlangen Kanäle mit den grell angestrichenen großen holländischen Lastkähnen und die treidelnden Mädchen, manchmal mit dem Geschirr um die Stirn und andere Male um Taille und Schultern angeschirrt, und es ist kein erfreulicher Anblick. Über dieses Land verstreut finden sich gewaltige Befestigungen Vaubans, von dem Sie Kenntnis haben, und Regimenter von Korporalen, von denen Sie vor langer Zeit gehört haben, und so manche Bebelle mit blauen Augen. Durch diese flachen Gebiete wandeln an strahlenden Sommertagen die langen, grotesk anmutenden Reihen junger Novizen unter ihren riesigen breitkrempigen Hüten, die den Boden schwärzen, den die Alleen üppiger Laubbäume mit einem Karomuster aus Sonne und Schatten versehen, wie Sie sich gewiss erinnern. Und nun, da Hazebroucke in wenigen Kilometern Entfernung schlummert, denken Sie an den Sommerabend zurück, als Ihre staubigen Füße, vom Bahnhof kommend, Sie dort zufällig zu einem Jahrmarkt trugen, wo die ältesten Bewohner feierlich auf Karussellpferden unentwegt einen Leierkasten umrundeten und wo die größte Attraktion allen Ernstes und der eigenen Ankündigung in großen Lettern zufolge ein THÉÂTRE RELIGIEUX war, wie von einem religiösen Richardson ersonnen. In welchem erbaulichen Tempel «alle interessanten Geschehnisse im Leben unseres Herrn von der Krippe bis zum Grab» dramatisch dargestellt wurden, wobei die weibliche Hauptdarstellerin ohne Scheu oder Hemmungen im Augenblick meiner Ankunft damit beschäftigt war, die außen angebrachten Moderateurlampen zu putzen (denn es dämmerte), während die zweite weibliche Haupt-

40

darstellerin das Eintrittsgeld kassierte und der junge heilige Johannes auf der Bühne einen Handstand übte.

Als ich an dieser Stelle den Blick hebe, weil ich dem winzig kleinen Vogel in allem, was er erwähnt hat, zustimmen will, sehe ich, dass er nicht mehr zwitschert, sondern seinen Kopf unter den Flügel gesteckt hat. Und deshalb folge ich auf meine andersgeartete Weise seinem Beispiel.

VERSCHÄMTE NACHBARSCHAFTEN

Ich reise so viel zu Fuß, dass ich, hätte ich einen Hang zum Wetten, höchstwahrscheinlich in Sportgazetten unter einem Namen wie «der elastische Sportsjünger» vorkäme und es in der Disziplin des Wanderns mit allen schnellfüßigen Zeitgenossen aufnehmen könnte. Meine letzte diesbezügliche Großtat bestand darin, dass ich nach einem in jeder Hinsicht pedestrischen Tag um zwei Uhr morgens aufstand und vor dem Frühstück dreißig Meilen aufs Land hinauswanderte. Die Landstraße war in der Dunkelheit so verlassen, dass das monotone Geräusch der eigenen Füße, die ihre gewohnten vier Meilen pro Stunde zurücklegten, mich in Schlaf wiegte. Ich wanderte Meile um Meile, ohne zu ermüden, in tiefem Dämmerschlaf und ständig träumend. Erst als ich wie ein Betrunkener stolperte und von dem Weg auf die Straße geriet, um einem Reiter auszuweichen – den es nicht gab –, kam ich zu mir und sah mich um. Ein nebliger Morgen brach an (es war im Herbst), und ich konnte mich nicht von dem Gedanken befreien, dass ich die Anhöhen und Hügel aus Wolken ersteigen müsste, um irgendwo hinter der Sonne ein Alpenkloster zu erreichen, wo ich frühstücken würde. Diese schlaftrunkene Vorstellung war so viel zwingender als die greifbaren Dörfer und Heuschober ringsum, dass ich mich, nachdem die Sonne hell am Himmel stand und ich wach genug war, an diesem Anblick Vergnügen zu empfinden, weiterhin dabei ertappte, nach hölzernen Wegweisern Ausschau zu halten, die den richtigen Weg den Berg hinauf wiesen, und mich darüber zu wundern, dass noch kein Schnee zu sehen war. Es gehört zu den Eigentümlichkeiten des Halbschlafs, dass ich bei diesem pedestrischen Anlass zahllose Verse schmiedete (was ich selbstverständlich tunlichst unterlasse, wenn ich bei Sinnen bin) und dass ich eine Sprache, die mir einst recht vertraut war, die ich aber seitdem fast ganz vergessen habe, völlig flüssig sprach. Beide Phänomene habe ich in dem Zustand zwischen Schlaf und Wachen so oft erlebt, dass ich mit mir selbst darüber disputiere, dass ich ganz gewiss nicht wach sein kann, denn wäre ich wach, wäre ich nicht halb so sprachgewandt. Die Gewandtheit aber ist keine Einbildung, denn ich kann mich oft langer Abschnitte dieser Verse und vieler Beispiele des flüssigen Gebrauchs der fremden Sprache entsinnen, wenn ich bereits hellwach bin.

Ich wandere auf zwei Arten: zum einen geradeaus und schnellen Schritts einem bestimmten Ziel entgegen, zum anderen ziellos, schlendernd und herumzigeunernd. In letzterer Hinsicht kann es mir kein Zigeuner auf dem Erdenrund gleichtun; das Vagabundieren ist mir so selbstverständlich und vertraut, dass ich ganz gewiss einen unverbesserlichen Landstreicher unter meinen nicht allzu fernen Vorfahren besitze.

Eines der erfreulichsten Dinge, die mir in letzter Zeit beim Herumvagabundieren in verschämten großstädtischen Nachbarschaften unterkamen, ist die Liebhaberei eines bescheidenen Künstlers, ausgedrückt in den Porträts der Herren Thomas Sayers aus Großbritannien und John Heenan aus den Vereinigten Staaten von Amerika. Diese vortrefflichen Männer sind in Kampfkleidung und Kampfhaltung überaus farbig dargestellt. Als Hinweis auf die idyllische und meditative Natur ihres friedlichen Gewerbes sehen wir Mr. Heenan auf smaragdgrünem Rasen, wo Schlüsselblumen und andere schlichte Blümchen unter den Absätzen seiner Halbstiefel sprießen, während die stille Beredsamkeit einer englischen Kirche Mr. Sayers zum Austeilen seines Lieblingsschlags, genannt Auctioneer, ermuntert. Bescheidene englische Heime mit ihren häuslichen Tugenden und geißblattumrankten Veranden fordern beide Helden auf, sich in den Kampf zu begeben und zu gewinnen, und in der Luft über ihnen schmettern Lerchen und andere Singvögel aus voller Brust ihren Dank für einen Kampf dem Himmel entgegen. Alles in allem sind die Verbindungen, zu denen die Boxkunst diesen Künstler anregt, ganz in der Art eines Izaak Walton.

Doch mein gegenwärtiges Interesse gilt den niedrigeren Kreaturen der abgelegeneren Straßen und Gassen. Mit menschlichen Eigenheiten in diesen Nachbarschaften wollen wir uns ein andermal beschäftigen, wenn Muße und Gelegenheit es uns erlauben.

Nichts verwirrt meinen Geist mehr als die schlechte Gesellschaft, in der die Vögel sich in verschämten Nachbarschaften herumtreiben. Fremde Vögel geraten oft in gute Gesellschaft, aber britische Vögel fühlen sich zu niedrigem Umgang unwiderstehlich hingezogen. In St. Giles bewohnen sie einen ganzen Straßenzug, und in armen und unmoralischen Gegenden trifft man sie unfehlbar in bequemer Nähe zum Wirtshaus und zum Pfandleiher an. Offenbar verleiten sie die Leute zum Trinken, denn selbst der Mann, der ihre Käfige baut, hat für gewöhnlich ein chronisches blaues Auge. Woher kommt das? Bereitwillig verrichten diese Vögel für Leute in kurzen Manchestermänteln mit Knöpfen aus Bein oder in langärmeligen Westen und Pelzmützen Tätigkeiten, zu denen anständigere Mitglieder der Gesellschaft sie nicht zu bewegen vermöchten. In einem schmutzigen Hof in Spitalfields bin ich einem Stieglitz begegnet, der sein eigenes Wasser heraufziehen konnte und das so unermüdlich tat, als litte er an einem verzehrenden Fieber. Dieser Stieglitz wohnte in einer Vogelhandlung und bot sich schriftlich zum Tauschhandel gegen alte Kleidung, leere Flaschen und sogar Küchengerätschaften an. Eine unstreitig niveaulose und lasterhafte Einstellung für einen Stieglitz! Ich erwarb den Stieglitz gegen Geld. Er wurde zu mir nach Hause befördert und an einem Nagel über meinem Tisch aufgehängt. Er wohnte vor der Fassade eines Wohnhauses, das, wie ich annahm, das Haus eines Färbers darstellen sollte, denn sonst wäre schwer zu erklären gewesen, warum die Vogelstange aus dem Speicherfenster ragte. Seit seinem Erscheinen in meinen Räumen hatte er entweder nie mehr Durst – was nicht vertraglich abgemacht war –, oder er konnte sich nicht mit dem Geräusch abfinden, mit dem sein kleiner Eimer in den Brunnen fiel, wenn er ihn losließ, was ihm einen Schrecken einjagte, der ihn geradezu in Todesangst versetzte. Wasser zog er nur heimlich und unter dem Deckmantel der Dunkelheit. Nach fruchtlosem und zuletzt hoffnungslosem Warten wendete ich mich an den Händler, der ihn abgerichtet hatte. Der Händler war ein krummbeiniges Individuum mit einer platten Knollennase, die an die letzten Früherdbeeren erinnerte. Er trug eine Pelzmütze und kurze Hosen und gehörte zum Geschlecht der Manchestergewandeten. Er ließ ausrichten, er werde «vorbeisehen». Er sah vorbei, erschien in der Zimmertür und schielte mit seinem bösen Blick zu dem Stieglitz. Sofort überkam den Vogel rasender Durst; als der Durst gelöscht war, zog er noch immer Eimer voll unnötigen Wassers herauf, und zuletzt hüpfte er auf seiner Stange hin und her und wetzte seinen Schnabel, als hätte er dem nächsten Weinkeller einen Besuch abgestattet und sich dort betrunken.

Oder die Esel. Ich kenne verschämte Nachbarschaften, in denen ein Esel auf der Straßenseite zur Haustür hineingeht und allem Anschein nach in einem der oberen Stockwerke wohnt, denn ich habe den Hinterhof über den Zaun inspiziert, ohne den Esel zu finden. Vornehme, Adelige, Könige würden diesen Esel vergebens anflehen, für sie zu tun, was er für einen Hausierer tut. Füttert ihn mit dem teuersten Hafer, setzt einen Infanten und eine Infantin in Tragesesseln auf seinen Rücken, passt ihm sein zierliches Geschirr so an, dass er es nicht spürt, bringt ihn auf die sanftesten Wiesen von Windsor, und bildet euch nicht ein, ihr könntet ihn in Bewegung setzen. Aber gebt ihm nichts zu fressen, schirrt ihn vor einen Lastkarren, auf dem ein Brett liegt, und bestaunt, wie er von Whitechapel bis Bayswater galoppiert. In der Natur scheint kein geheimes Einverständnis zwischen Vögeln und Eseln zu bestehen, doch in verschämten Nachbarschaften sieht man sie bei den unwandelbar gleichen Besitzern und wird Zeuge, dass sie ihre edelsten Anstrengungen für die übelste Gesellschaft aufbringen. Ich kannte einen Esel – vom Sehen, wir pflegten keine Grußbekanntschaft –, der am Südufer der London Bridge wohnte, zwischen den Festungen von Jacob's Island und Dockhead. Es gehörte zu den Gepflogenheiten dieses Tiers, allein herumzustreunen, wenn seine Dienste nicht benötigt wurden. Ich bin ihm in einer Meile Entfernung von seinem Wohnort begegnet, wo er sich auf den Straßen herumtrieb, und sein Gesichtsausdruck war bei solchen Anlässen von größter Verworfenheit. Er gehörte zu dem Etablissement einer älteren Dame, die Immergrün verkaufte, und an Samstagabenden stand er für gewöhnlich mit seinem Karren voll dieser Köstlichkeiten vor einer Ginkneipe, stellte die Ohren auf, wenn ein Kunde sich dem Karren näherte, und bezog nur allzu offenkundige Befriedigung aus dem Wissen, dass die Kunden übers Ohr gehauen wurden. Bisweilen war seine Besitzerin alles andere als nüchtern. Als ich ihn zum letzten Mal sah (vor etwa fünf Jahren), befand er sich in Schwierigkeiten, die sich letzterem Umstand verdankten. Er war mit dem Karren voller Immergrün allein gelassen und vergessen worden und war herumgestreunt. Eine Zeit lang geisterte er an seinen gewohnten übel beleumdeten Aufenthaltsorten herum, bis es ihn danach gelüstete, eine enge Gasse zu erkunden, ohne an seinen Karren zu denken, was ihm schlecht bekam. Die Polizei nahm ihn in Gewahrsam, und da der örtliche Pfandstall nicht weit weg war, wurde er in diesen Gewahrsam verbracht. In diesem kritischen Augenblick begegnete ich ihm, und das störrische Bewusstsein der Schuftigkeit – wobei es mir fernliegt, der Bezeichnung zu nahe treten zu wollen –, das seine Miene ausdrückte, sah ich bei keinem menschlichen Lumpen übertroffen. Im Licht einer flackernden Kerze, die zwischen seinem Immergrün in einem Papierschirm steckte, sah man ihn, wie er in seinem zerlumpten und zerfetzten Geschirr und vor seinem zu Kleinholz zerbrochenen Karren seinen hängenden Kopf schüttelte als wahres Sinnbild der

47

Schande und des Starrsinns. Ich habe Knaben gesehen, die zur Polizeiwache gebracht wurden und die sein Bruder hätten sein können.

An den Hunden verschämter Nachbarschaften fällt mir auf, dass sie nicht gern herumtollen und dass sie wirken, als wären sie sich der Armut ihrer Halter bewusst. Sie arbeiten auch nicht gern, wenn sie es vermeiden können, wie es in der Natur aller Tiere liegt. Ich erfreue mich der Bekanntschaft eines Hundes aus einer abgelegenen Gasse in der Nähe von Walworth, der sich im Fach des leichteren Dramas bemerkenswert ausgezeichnet hat und der sein Porträt als Vorlage für den Theaterzettel mitbringt, wenn er ein Engagement eingeht. Sein Porträt (das ihm in keiner Hinsicht gleicht) zeigt ihn dabei, wie er einen elenden Indianer zu Fall bringt, der einen britischen Offizier mit dem Tomahawk überfallen oder zu überfallen versucht hat. Das Bild ist eine poetische Phantasie, denn weder ein Indianer noch ein solcher Zwischenfall figurierten in dem Stück. Er ist ein Hund der Neufundländerrasse, für dessen Treue ich jederzeit die Hand ins Feuer legen würde, dessen intellektuelle Fähigkeiten in Zusammenhang mit Dramenwerken ich jedoch nicht sehr hoch einschätze. Um es offen zu sagen, ist er zu ehrlich für den Beruf, den er ergriffen hat. Da ich mich letzten Sommer in einer Stadt in Yorkshire aufhielt und ihn dort auf einem Anschlagzettel angekündigt sah, besuchte ich die Vorstellung. Sein erster Auftritt war überaus wirkungsvoll; doch da das Ganze nur eine Sekunde Zeit in Anspruch nahm (aber fünf Zeilen auf dem Anschlagzettel), bot es nicht genug Stoff für eine unvoreingenommene und wohlerwogene Einschätzung seines Könnens. Er musste lediglich bellen, laufen und durch das Fenster eines Wirtshauses hinter einer komischen Figur hersetzen, die auf der Flucht war. Die nächste Szene von Bedeutung für die Handlung wurde durch seinen Übereifer ein wenig in ihrer Wirkung geschmälert, insofern sein Herr (ein Soldat, von einer stürmischen Nacht überrascht, den es in eine Räuberhöhle verschlagen hatte) gefühlvoll das Fehlen seines treuen Hundes beklagte und großen Wert auf die Feststellung legte, dass der Hund dreißig Meilen von ihm entfernt war, während der treue Hund wie verrückt aus dem Souffleurkasten bellte und sich schier mit seinem Halsband strangulierte. Doch seinen größten Auftritt machte seine Ehrlichkeit zum größten Fiasko. Er musste in einen dichten, weglosen Wald laufen, auf der Fährte des Mörders, und dort über den Mörder herfallen, der sich am Fuß eines Baums ausruhte, neben sich das Opfer, zum Abschlachten gefesselt. Es war ein warmer Abend, und der Hund kam aus einer eher unerwarteten Richtung in den Wald, in friedlicher Laune und friedlichem Trab und keineswegs aufgeregt; mit hängender Zunge trottete er zur Bühnenrampe; dort nahm er hechelnd Platz und betrachtete freundlichen Blicks das Publikum und klopfte mit dem Schwanz auf den Boden wie der Stundenschlag einer Kuckucksuhr. Unterdessen rief der Mörder, den es nach seinem Untergang gelüstete, ihm hörbar zu: «Komm endlich her!», und das Opfer, das mit seinen Fesseln kämpfte, bedachte ihn mit den unflätigsten Schimpfworten. Dies hatte zur Folge, dass er, als man ihn schließlich dazu bringen konnte, hinzutrotten und den Mörder in Stücke zu reißen, dabei etwas zu auffällig (in dramatischer Hinsicht) zu erkennen gab, dass er diese grauenhafte Vergeltung bewerkstelligte, indem er Butter von den blutbefleckten Händen leckte.

In einer verschämten Straße hinter Long Acre wohnen zwei

anständige Hunde, die im Kasperletheater mitspielen. Ich darf sagen, dass ich mit beiden auf vertrautem Fuß verkehre und dass ich keinen der beiden je dabei ertappt hätte, sich die Niedrigkeit zuschulden kommen zu lassen, nicht während der ganzen Vorstellung zu dem Mann auf der Bühne zu blicken. Die Ungewissheit, in der sich andere Hunde in ihrer Meinung über diese Hunde befinden, scheint ein Dauerzustand zu sein. Beide Sorten Hunde begegnen einander sicherlich immer wieder, wenn die Schaustellerhunde in ihren Pausen hinter den Stelzen der Bühne und neben der Trommel herumlaufen; und alle anderen Hunde scheinen ihren Halskrausen und Jäckchen mit Argwohn zu begegnen und sie zu beschnüffeln, als hielten sie diesen Schmuck für einen Ausschlag, vielleicht eine Art Räude. Aus meinem Fenster in Covent Garden bemerkte ich neulich einen Hund vom Lande, der unter einem Karren zum Covent-Garden-Markt gekommen war und sich von der Leine gerissen hatte, deren eines Ende hinter ihm herschleifte. Er lungerte an den Ecken der vier Straßen herum, die ich von meinem Fenster aus sehen kann; und üble Subjekte aus der Londoner Hundewelt kamen zu ihm und erzählten ihm Lügengeschichten, die er nicht glaubte; und noch üblere Londoner Hunde kamen und schlugen ihm vor, mit ihnen auf dem Markt stehlen zu gehen, was seinen Grundsätzen widersprach; und das städtische Treiben verwirrte ihn, und er kroch beiseite und legte sich in eine Einfahrt. Er hatte kaum die Augen geschlossen, als ein Kasperle und sein Hund Toby auftauchten. Der Hund vom Lande sprang auf Toby zu, um Rat und Trost zu suchen, doch als er die Halskrause sah, blieb er voll Entsetzen mitten auf der Straße stehen. Das Kasperletheater wurde aufgestellt, Toby zog sich hinter die Bühne zurück, das Publikum fand sich ein, Trommeln und Pfeifen kündigten die Vorstellung an. Mein Hund vom Lande stand da wie angewurzelt und verfolgte gebannt diese seltsamen Vorkehrungen, bis Toby das Stück eröffnete, indem er auf der Puppenbühne erschien, gefolgt vom Kasperle, das ihm eine Pfeife ins Maul steckte. Bei diesem Schauspiel legte der Hund vom Lande den Kopf in den Nacken, stieß ein schreckliches Geheul aus und entfloh wie ein Pfeil gen Westen.

Wenn wir davon sprechen, dass Menschen Hunde halten, können wir oft mit mehr Fug und Recht davon sprechen, dass Hunde Menschen halten. Ich kenne eine Bulldogge in einem verschämten Winkel von Hammersmith, die einen Mann hält. Sie hält ihn über einem Hof, bringt ihn dazu, Wirtshäuser aufzusuchen und Wetten auf sie abzuschließen, nötigt ihn, sich an Pfosten zu lehnen und sie zu betrachten, zwingt ihn, um ihretwillen die Arbeit zu vernachlässigen, und hält ihn unter einem strengen Regiment. Ich kannte einen Rasseterrier, der sich einen Gentleman hielt – und zwar einen Gentleman, der in Oxford studiert hatte. Der Hund hielt sich den Gentleman nur aus Eitelkeit, und der Gentleman sprach von nichts anderem als von dem Terrier. Das war allerdings nicht in einer verschämten Gegend und gehört folglich nicht zum Thema.

In verschämten Nachbarschaften gibt es ziemlich viele Hunde, die sich Jungen halten. Ich denke dabei an eine Promenadenmischung in Somers Town, die sich drei Jungen hält. Sie tut so, als könnte sie Spatzen fangen und Ratten aus ihren Schlupflöchern jagen (sie kann weder das eine noch das andere), und nimmt die Jungen unter dem Vorwand sportlicher Ertüchtigung auf alle möglichen Vorortwiesen mit. Sie hat ihnen auch weisgemacht, sie verfügte über ein geheimnisvolles Wissen um die Kunst des Fischens, und wenn die Jungen sich zu den Teichen von Hampstead aufmachen, mit einem Einmachglas und einer Flasche mit weitem Hals bewaffnet, kämen sie sich nur unzulänglich ausgerüstet vor, wenn die Promenadenmischung sie nicht laut bellend begleitete. Im Stadtbezirk Southwark hat ein Hund seinen Wohnsitz, der sich einen Blinden hält. Man kann ihn fast immer in der Oxford Street sehen, wo er den Blinden auf Expeditionen verschleppt, die der Mann niemals im Sinn hatte und die ihm völlig unerklärlich sind, denn sie sind gänzlich Frucht der Vorstellungen des Hundes, die dieser in die Tat umsetzt. Falls im Gegenzug der Mann ein Vorhaben hat, setzt der Hund sich unfehlbar auf eine verkehrsreiche Straße und sinnt nach. Gestern sah ich ihn, wie er die Almosenbüchse trug, als wäre sie ein bequemer Halsschmuck, statt sie den Passanten zu präsentieren, und den Mann gegen seinen Willen auf die Aufforderung eines abstoßenden Köters hin mitschleppte – offenbar um einen anderen Hund in Harrow zu besuchen, denn in diese Richtung strebte er. Die nördliche Mauer von Burlington House Gardens zwischen der Burlington Arcade und Albany ist um die Zeit von zwei bis drei Uhr nachmittags ein verschämter Treffpunkt für Blinde. Sie sitzen dann (sehr unbequem) auf einem schiefen Steinblock und tauschen sich aus. Zur gleichen Zeit kann man regelmäßig ihre Hunde dabei beobachten, wie sie untereinander hemmungslos die Männer schmähen, die sie sich halten, und besprechen, wohin sie ihre Männer mitnehmen wollen, wenn sie sich wieder in Bewegung setzen. In der Nähe eines kleinen Metzgerladens in einer verschämten Nachbarschaft (es gibt keinen Grund, sie nicht beim Namen zu nennen; sie liegt unweit Notting Hill und grenzt an die Gegend namens Potteries) kenne ich einen Hund mit schwarz und weiß geschecktem Zottelfell, der sich einen Viehhändler hält. Es ist ein Hund von gutmütiger Veranlagung, der seinem Viehhändler allzu oft erlaubt, sich zu betrinken. Bei diesen Anlässen pflegt der Hund draußen vor dem Wirtshaus zu sitzen und nachzudenken, den Blick auf einige Schafe gerichtet. Ich habe ihn mit sechs Schafen dort gesehen, und er war fraglos damit beschäftigt, im Geist zu überschlagen, mit wie vielen Schafen er vom Viehmarkt gekommen war und an welchen Orten er die einzelnen Schafe hinterlassen hatte. Ich habe miterlebt, wie es ihn ratlos machte, wenn er sich über bestimmte einzelne Schafe keine Rechenschaft ablegen konnte. Dann dämmerte die Erkenntnis herauf, er erinnerte sich, bei welchem Metzger sie abgeliefert worden waren, und mit jäher und großer Beglückung vertrieb er eine Fliege von seiner Nase und wirkte sehr erleichtert. Hätte ich jemals daran zweifeln können, dass er sich den Viehhändler hielt und nicht etwa umgekehrt, wäre seine ausschließliche Zuständigkeit für die sechs Schafe, wenn der Viehhändler mit merklichen Spuren von Kautabak und Bier im Gesicht aus dem Wirtshaus kam und dem Hund falsche Anweisungen gab, die dieser gelassen ignorierte, Beweis genug gewesen. Er hat die Schafe ganz selbstverständlich unter seine Fittiche genommen und nur mit ehrerbietiger Festigkeit bemerkt: «Ihre Anweisung würde sie unter die Räder eines Omnibusses bringen; Sie sollten Ihre Aufmerksamkeit besser auf Ihr eigenes Wohlergehen richten – da wäre sie angebrachter», und hat seine Schäflein weggetrieben, mit einem kundigen Einsatz von Ohren und Schwanz und einem Sachverstand, dem sein Tölpel von einem Menschen nicht enfernt das Wasser hätte reichen können.

Während die Hunde in verschämten Gegenden für gewöhnlich ein verschämtes Bewusstsein ihrer bedrängten Lebensumstände erkennen lassen, das sich meistens in besorgten Mienen äußert, in kleinlautem Auftreten und in der Befürchtung, man könnte sie jederzeit in ein Geschirr spannen und zwingen, ein bisschen Geld zu verdienen, zeigen die Katzen dieser Nachbarschaften die Neigung, in barbarische Existenzformen zurückzufallen. Nicht genug damit, dass sie angesichts der Überbevölkerung ringsum und der wenigen ihnen offenstehenden Zugänge zu Katzenfutter einen grausamen Selbsterhaltungstrieb und eine moralische und politisch-ökonomische Brutalität entwickeln, lassen sie sich auch körperlich gehen. Ihre Wäsche ist unreinlich und schlecht gepflegt; das Schwarz ihres Fells hat den Rostton alter Trauerkleidung; ihr Fell ist räudig und erinnert eher an billigsten Baumwollsamt als an feinen Seidensamt. Ich unterhalte Bekanntschaften mit Katzen in verschiedenen Sträßchen in der Nähe des Obelisken in Saint George's Fields, in der Gegend von Clerkenwell Green und auch in den Hinterhäusern von Drury Lane. Im Aussehen ähneln sie den Frauen, unter denen sie leben. Sie sehen aus, als begäben sie sich ohne jede Toilette von ihren ungesunden Betten auf die Straße. Sie lassen ihre junge Nachkommenschaft unbeaufsichtigt im Rinnstein herumtorkeln, während sie an den Straßenecken abscheulich keifen und kreischen, kratzen und spucken. Besonders bemerkenswert erscheint mir, dass zu den Zeiten, zu denen sie im Begriff sind, ihre Familie zu vergrößern (was häufig der Fall ist), eine ungepflegte Schlampigkeit, heruntergekommene Nachlässigkeit und allgemeine Liederlichkeit die Ähnlichkeit noch betont. Ich müsste lügen, wollte ich behaupten, jemals eine dieser Matronen aus dem Katzengeschlecht in anderen Umständen dabei ertappt zu haben, dass sie ihr Gesicht gewaschen hätte.

Um diese Notizen meiner nicht gewerblichen Reisen unter den gewöhnlichen Tieren verschämter Nachbarschaften nicht über Gebühr mit der Launenhaftigkeit der Hauskatzen und ihrer in mehr als einer Hinsicht verblüffenden Ähnlichkeit mit Mensch und Bruder zu befrachten, will ich zum Schluss ein Wort über das Federvieh dieser Gegenden verlieren.

Dass ein aus einem Ei geschlüpftes und mit Flügeln begabtes Geschöpf sich allen Ernstes damit zufriedengibt, eine Leiter zu seiner Wohnung in einem Kellerloch hinunterzuhüpfen, ist ein so verblüffender Vorgang, dass man sich in diesem Zusammenhang über gar nichts mehr wundern kann. Andernfalls könnte ich mich darüber wundern, wie vollständig dieses Federvieh sich von allen Vögeln der Lüfte entfernt hat, sich daran gewöhnt hat, in Ziegeln, Mörtel und Schmutz herumzukriechen, vergessen hat, dass es echte Bäume gibt, und sich Ladentheken, Schubkarren, Austernfässer, Verschläge und Kratzeisen zum Aufenthalt gewählt hat. Aber ich wundere mich über nichts, was mit diesem Geflügel zu tun hat, und nehme es, wie es ist. Ich bin bereit, einer verarmten Familie von Bantamhühnern aus meiner Bekanntschaft an der Hackney Road, die sich ständig im Leihhaus aufhält, zu attestieren, dass sie sich in einem naturgegebenen und ursprünglichen Zustand befindet. Ich wollte nicht behaupten, dass sie ihr Leben genießen, denn sie sind von melancholischer Wesensart, doch die spärliche Lebensfreude, die sie kennen, beziehen sie daraus, dass sie im Nebeneingang des Pfandleihers zusammenhocken. Dort findet man sie unweigerlich in kraftlosem Geflatter, als hätten sie vor kurzem Bankrott gemacht und wollten nicht erkannt werden. Ich kenne einen verkommenen Burschen, der einer guten Familie in Dorking entstammt und der seinen ganzen Hausstand von Ehefrauen im Gänsemarsch zur einen Tür einer liederlichen Spelunke in der Nähe von Haymarket hineinführt, sie zwischen den Beinen der Anwesenden hindurchgeleitet und mit ihnen zur anderen Tür hinausmarschiert; so verbringt er sein Leben, und in der Londoner Saison geht er selten vor zwei Uhr morgens zu Bett. Jenseits von Waterloo Bridge lebt ein heruntergekommenes altes Paar Dorkinghühner (sie gehören zu dem Gewerbe, das hölzerne französische Bettrahmen, Waschkommoden und Handtuchhalter anfertigt), das sich regelmäßig Eintritt in eine Kirche zu verschaffen versucht. Ob die alte Dame im Bann einer Sinnestäuschung, als wäre sie eine zweite Mrs. Southcott, dem ehrwürdigen Ort ein Ei anvertrauen will, oder ob die Erkenntnis, dass sie in dem Gebäude nichts zu suchen hat, ihr den unstillbaren Wunsch eingibt, es zu betreten, kann ich nicht sagen, doch es ist ihr ständiges Bestreben, die Haupteingangstür zu untergraben, während ihr Gefährte mit etwas unsicheren Beinen auf und ab stolziert, seine Frau ermuntert und der Welt die Stirn bietet. Die Familie jedoch, mit der ich am besten bekannt bin, seit sie von der anstrengenden Atmosphäre einer stark frequentierten kreisförmigen Kreuzung in Brentford weggezogen ist, hat ihren Wohnsitz in dem am dichtesten bevölkerten Teil von Bethnal Green. Ihr Absehen von den Dingen, inmitten deren sie leben, oder besser ihre Überzeugung, dass diese Dinge nur existieren, um dem Federvieh dienstbar zu sein, entzückt mich so sehr, dass ich sie zum Gegenstand vieler Reisen zu den unterschiedlichsten Tageszeiten gemacht habe. Nach sorgfältiger Beobachtung der zwei Herren und zehn Damen dieser Familie bin ich zu dem Schluss gelangt, dass ihre Ansichten durch ihren Anführer und dessen Gefährtin verkörpert sind, wobei ich Letztere als betagte Person einstufe, die an Federmangel und entsprechender Entblößung ihrer Federkiele leidet, was ihr das Aussehen eines Bündels Schreibfedern verleiht. Wenn ein vollbeladener Lastwagen um die Ecke biegt, der einen Elefanten zermalmen könnte, und diese Hühnervögel überfährt, kommen sie unversehrt unter den Pferdehufen hervor, als wäre der ganze Radau nur ein vorbeiziehender Hokuspokus in den Lüften gewesen, der möglicherweise essbare Überreste hinterlassen hat. Alte Schuhe, weggeworfene Kessel und Pfannen und zerlumpte Hauben betrachten sie als Meteoritentrümmer, die es gibt, damit Federvieh darin herumpicken kann. Kreisel und Reifen halten sie meiner Ansicht nach für eine Art Hagel und Federbälle für Regen oder Tau. Das Gaslicht ist ihnen so selbstverständlich wie jede andere Beleuchtung, und ich hege den nicht unbegründeten Argwohn, dass das Wirtshaus an der Ecke mit seinen frühen Öffnungszeiten in den Augen der zwei Hühnerherren die Sonne abgelöst hat. Ich konnte zweifelsfrei feststellen, dass sie jedes Mal zu krähen beginnen, wenn die Läden des Wirtshauses geöffnet werden, und dass sie den Schankkellner, der erscheint, um diese Arbeit zu verrichten, begrüßen, als wäre er Phöbus Apollos persönlich.

SCHLAFLOS

«Mein Onkel lag mit halb geschlossenen Augen im Bett und hatte seine Nachtmütze fast bis zur Nase hinuntergezogen. Seine Phantasie vagabundierte bereits und vermischte seinen gegenwärtigen Aufenthalt mit dem Krater des Vesuv, der Pariser Oper, dem Kolosseum in Rom, Dolly's Chop House in London und all dem Durcheinander berühmter Orte, mit denen der Kopf eines Reisenden vollgestopft ist: Anders gesagt, er war im Begriff einzuschlafen.»

Soweit der herrliche Schriftsteller Washington Irving in seinen Geschichten eines Reisenden. Doch neulich widerfuhr es mir, im Bett zu liegen und zwar nicht mit halb geschlossenen, sondern weit aufgerissenen Augen, und nicht mit meiner Nachtmütze fast bis zur Nase hinuntergezogen, da ich aus hygienischen Gründen nie eine Nachtmütze trage, sondern mit zerzausten und zerwuselten Haaren auf dem Kopfkissen, und nicht etwa im Begriff einzuschlafen, sondern wach und munter, hellwach, glockenwach, schlaflos. Vielleicht versinnbildlichte ich ohne jeden wissenschaftlichen Ehrgeiz oder Einfall gerade die Theorie von dem zweigeteilten Gehirn; vielleicht war die eine Hälfte meines Gehirns wach und beobachtete die andere Hälfte, die schläfrig war. Wie auch immer, etwas in mir verlangte so dringlich wie nur möglich danach einzuschlafen, während etwas anderes in mir auf Teufel komm raus nicht einschlafen wollte und so störrisch war wie George III.

Apropos George III. – denn in diesem Artikel will ich meine Gedankengänge beim Wachliegen festhalten, da die meisten Leute irgendwann wach im Bett liegen und sich für dieses Thema interessieren dürften – fiel mir Benjamin Franklin ein und in Verbindung mit Letzterem sein Aufsatz über die Kunst, sich angenehme Träume zu verschaffen, die zweifellos die Kunst einzuschlafen zur Voraussetzung haben dürfte. Da ich diesen Aufsatz in meiner Kindheit oft gelesen habe und mich an alles erinnern kann, was ich damals las, so unfehlbar, wie ich alles, was ich heutzutage lese, vergesse, zitierte ich die Worte: «Stehen Sie auf, klopfen und wenden Sie Ihr Kissen, schütteln Sie das Bettzeug mindestens zwanzigmal, decken Sie dann das Bett auf und lassen Sie es abkühlen; gehen Sie unterdessen unangekleidet in Ihrem Zimmer auf und ab. Wenn die kalte Nachtluft sich unangenehm bemerkbar macht, kehren Sie in Ihr Bett zurück, und Sie werden schon bald einschlafen und sich eines süßen und wohltuenden Schlafes erfreuen.» Nicht im Geringsten! Ich vollzog die ganze Zeremonie, und falls es mir möglich gewesen wäre, noch glotzäugiger wach zu sein als zuvor, dann wäre das ihr einziges Ergebnis gewesen.

Bis auf Niagara. Die zwei Zitate Washington Irvings und Benjamin Franklins mögen mir den Namen als amerikanische Gedankenverbindung eingegeben haben; jedenfalls war er nun da, und der Hufeisenfall toste und brauste vor meinen Augen und Ohren, und die Regenbogen, die ich auf seiner Gischt gesehen hatte, als ich ihn zuletzt mit eigenen Augen erblickte, waren wunderschön. Da das Nachtlicht jedoch nicht minder sichtbar war und der Schlaf Tausende von Meilen ferner als die Niagara-Fälle zu sein schien, beschloss ich, ein wenig an das Schlafen zu denken; womit ich kaum begonnen hatte, als ich ohne mein Zutun zum Drury-Lane-Theater fortgewirbelt wurde und dort einen berühmten Schauspieler und teuren Freund sah (an den ich tagsüber gedacht hatte), der *Macbeth* spielte und die Worte vom «Schlaf, des Todes Abbild» sprach, wie ich es ihn in den Tagen, die nicht mehr sind, so manches Mal sprechen gehört hatte.

Aber nun Schlaf. Ich will an den Schlaf denken und werde es tun. Ich will unbedingt (so in etwa gingen meine Gedanken) an das Schlafen denken. Ich muss das Wort Schlaf unbedingt festhalten, damit ich nicht im nächsten Augenblick von der Fährte abkomme. Ich merke schon, wie ich unerklärlicherweise zum Clare-Markt abschweife. Schlaf. Es wäre kurios zu ergründen, wie viele seiner Erscheinungsformen allen Klassen gemeinsam sind, unabhängig von Reichtum oder Armut, Bildung oder Unwissenheit. Hier zum Beispiel haben wir Ihre Majestät Königin Victoria in dieser gegenwärtigen gesegneten Nacht in ihrem Palast, und hier haben wir den schieläugigen Charley, einen unverdrossenen Landstreicher, in einem der Gefängnisse Ihrer Majestät. Ihre Majestät ist viele Tausende Male von jenem Turm gestürzt, von dem hin und wieder zu fallen ich für mein Vorrecht halte. Und ebenso der schieläugige Charley. Im Schlaf hat Ihre Majestät eine Parlamentssitzung eröffnet oder vertagt, oder sie hat einen Empfang abgehalten, sehr spärlich bekleidet, welche Unzulänglichkeiten und Ungehörigkeiten ihr großes Unbehagen bereitet haben. Ich für mein Teil habe unsägliche Seelenqualen ausgestanden, weil ich bei einem förmlichen

Abendessen in der London Tavern im Nachtgewand den Vorsitz übernommen habe, und alles Entgegenkommen meines liebenswürdigen Freundes und Gastgebers Mr. Bathe konnte mich nicht davon überzeugen, dass diese Bekleidung dem Anlass wahrhaftig angemessen sei. Der schieläugige Charley wurde wiederholt in schändlicherer Aufmachung abgeurteilt. Ihre Majestät ist mit einem Gewölbe oder Firmament oder einer Art Fußbodendecke mit undeutlichem Muster, das entfernt Augen ähnelt und das bisweilen ihre Ruhe stört, nicht unvertraut. Ich bin es ebensowenig. Und ebensowenig ist es der schieläugige Charley. Uns dreien ist es ganz vertraut, mit luftigen Schritten ein wenig oberhalb des Erdbodens dahinzuschweben und ebenso voller Interesse Gespräche mit den verschiedensten Leuten zu führen, die alle von uns selbst dargestellt werden, und uns keinen Reim darauf machen zu können, was sie uns erzählen werden, und von den Geheimnissen, die sie uns enthüllen, unglaublich erstaunt zu sein. Es ist denkbar, dass wir alle drei Morde begangen und Leichen versteckt haben. Es ist ziemlich gewiss, dass wir verzweifelt laut rufen wollten und dass unsere Stimme uns den Dienst versagte, dass wir alle ins Theater gehen wollten und nicht eingelassen wurden, dass wir alle viel häufiger von unserer Kindheit geträumt haben als von unserem späteren Leben, einem Leben, das – da habe ich die Fährte verloren! Der Faden ist abgerissen!

Und ich stehe auf. Ich, der ich hier mit dem Nachtlicht vor mir daliege, stehe auf, ohne einen irgend erkennbaren Grund dafür benennen zu können, und finde mich durch Kräfte, die mir unerklärlich sind, den Sankt Bernhard hinaufbefördert! Ich habe in der Schweiz gewohnt und ihre Berge durchstreift; aber warum ich mich in diesem Augenblick dorthin begeben sollte und obendrein den Sankt Bernhard hinauf, statt mir einen anderen Berg auszusuchen, übersteigt mein Begriffsvermögen. Während ich hellwach hier liege und all meine Sinne so geschärft sind, dass ich deutlich ferne Geräusche hören kann, die sonst für mich unhörbar wären, mache ich die Reise, die ich einst machte, am gleichen Sommertag und mit dem gleichen glücklichen Paar – ach, zwei von uns sind seitdem gestorben, was mich mit Kummer erfüllt –, und da ist der gleiche Weg mit den gleichen schwarzen hölzernen Wegweisern, und da sind die gleichen verstreuten Unterstände, und da ist der gleiche Schnee, der auf uns fällt, und da sind die gleichen frostigen Nebel, und da ist das gleiche durchdringend kalte Kloster mit seinem Menageriegeruch und seiner gleichen Hunderasse, die vom Aussterben bedroht ist, und mit der gleichen Sorte fideler junger Mönche, von denen ich zu meinem Bedauern weiß, dass sie Schwindler sind, und da ist der gleiche Salon im Kloster mit seinem Klavier, in dem man um das Feuer sitzt, und da ist das gleiche Abendessen und die gleiche einsame Nacht in einer Zelle und der gleiche helle frische Morgen, wenn man in die herrlich klare Luft hinausging und es einem vorkam wie ein Sprung in ein eiskaltes Bad. Aber was kommt jetzt herbei, und warum schleicht sich dieses Ding in meine Erinnerung an Schweizer Berge!

Es ist eine Gestalt, die ich einmal sah, kurz nach Einbruch der Dämmerung, eine Kreidezeichnung an einer Tür in einer kleinen Gasse in der Nähe einer Dorfkirche, meiner ersten Kirche. Wie klein ich damals gewesen sein mag, weiß ich nicht, doch die Zeichnung erschreckte mich so fürchterlich – vermutlich in Zusammenhang mit dem Kirchhof, denn sie rauchte eine Pfeife und trug einen großen Hut, und beide Ohren ragten unter der Hutkrempe waagerecht hervor, und sie hatte nichts Erschreckenderes an sich als einen Mund, der vom einen Ohr zum anderen reichte, ein Paar Stielaugen und Hände wie zwei Karottenbündel zu jeweils fünf Stück –, dass die Erinnerung daran, wie ich nach Hause lief, wie ich mich dabei umsah und wie ich mich davor fürchtete, die Gestalt könne mich verfolgen, noch heute etwas leicht Beunruhigendes hat (wie ich es schon oft empfunden habe, wenn ich schlaflos im Bett lag), obwohl ich nicht zu sagen wüsste und wohl nie wissen werde, ob die Gestalt mich unabhängig von der Tür erschreckte oder in Zusammenhang mit der Tür und der ganzen Umgebung. Das führt zu einer unangenehmen Gedankenverbindung. Ich muss mich dazu bringen, an etwas zu denken, woran ich denken will.

Die Ballonfahrten der letzten Saison. Das kommt mir als Gegenstand zupass, solange ich wach daliege. Aber ich muss sie gut festhalten, denn ich merke, wie sie sich davonschleichen, und an ihre Stelle treten die Mannings, Mann und Frau, die am Galgen von Horsemonger Lane Jail hängen. In Zusammenhang mit diesem grausigen Schauspiel kommt mir ein eigenartiger Einfall in Erinnerung: dass ich mir, nachdem ich diese Hinrichtung mit angesehen hatte und die zwei Gestalten über dem Eingangstor baumelnd zurückgelassen hatte – die des Mannes als schlaffen Anzug, als wäre der Mensch aus ihm hinausgeschlüpft, und die der Frau als elegante Figur, so kunstvoll geschnürt und so raffiniert gekleidet, dass ihr schmucker Anblick fast unverändert war, als sie langsam hin und her schaukelte –, das Äußere dieses Gefängnisses wochenlang selbst unter größter Willensanstrengung nicht anders vorstellen konnte (und dazu nötigte mich der schreckliche Eindruck, den ich erlebt hatte, unablässig) als mit den zwei Gestalten bestückt, die noch immer in der Morgenluft hingen. Bis ich eines Abends an dem unheimlichen Ort vorbeischlenderte, als die Straße leer und friedlich war, und meine Phantasie sich endlich dazu überreden ließ, sie vom Galgen zu nehmen und im Hof des Gefängnisses zu begraben, wo sie seitdem liegen.

Die Ballonfahrten der letzten Saison. Ich will sie aufzählen. Da gab es das Pferd, den Stier, den Fallschirm und den Akrobaten, der unter dem Korb hing – und sich mit seinen Zehen festhielt, wenn ich mich recht entsinne. Wahrhaftig tadelnswert und unbedingt zu verbieten. Aber in Zusammenhang mit diesen und ähnlichen gefährlichen Kunststücken will mir scheinen, dass dem Teil der Öffentlichkeit, den sie unterhalten, unberechtigte Vorwürfe gemacht werden. Das Vergnügen des Publikums ist das Vergnügen an der gemeisterten Schwierigkeit. Es ist ein Publikum voller Gutgläubigkeit, und es vertraut darauf, dass der Herr nicht vom Pferd fallen und die Damen nicht vom Stier oder aus dem Fallschirm fallen werden und dass der Akrobat festen Halt mit seinen Zehen hat. Die Zuschauer wollen den Abenteurer nicht besiegt, sondern triumphieren sehen. Öffentliche Kämpfe zwischen Menschen und wilden Tieren sind damit nicht vergleichbar, denn niemand kann sich für das entsprechende Tier verbürgen, es sei denn, es wäre stets dasselbe Tier, in welchem Fall es sich um ein bloßes abgekartetes Spiel handeln würde, vom immer gleichen Publikum in der immer gleichen Erwartung besucht und in der festen Überzeugung, dass das wilde Tier

64

im Vorhinein von seinem Dompteur gebührlich gebändigt worden war. Dass diese Leute nicht gewohnt sind, Gefahren und Unwägbarkeiten genau vorauszusehen, können wir aus ihrer Bereitschaft entnehmen, sich auf überfüllte Dampfer, in unsichere Gefährte und an gefährliche Orte aller Art zu begeben. Und ich kann mich des Gedankens nicht erwehren, dass es besser wäre, Leute von naturgegeben freundlichem und menschlichem Fühlen nicht zu verspotten und ihnen keine blutrünstigen Neigungen zu unterstellen, sondern sie zu erziehen und sie mit Argumenten und Vernunft – denn sie sind sehr vernünftig, wenn man einen Gegenstand mit ihnen erörtert – zu einsichtigeren und klügeren Schlussfolgerungen zu bewegen.

Und was für eine unangenehme Störung jetzt! Ein Mann mit durchgeschnittener Kehle, der auf mich zustürmt, als ich wach daliege! Die Erinnerung an eine alte Geschichte eines Verwandten, der in einer nebligen Nacht auf dem Nachhauseweg nach Hampstead, als London viel kleiner und der Weg einsam war, plötzlich einer solchen Gestalt begegnete, die an ihm vorbeiraste, und danach zwei Irrenhauswärtern, die sie verfolgten. Ein weiß Gott unerfreuliches Geschöpf, das mich ungefragt aufsucht, während ich schlaflos daliege.

Die Ballonfahrten der letzten Saison. Ich muss mich wieder mit den Ballons beschäftigen. Warum ist der blutige Mann aus ihnen herausgesprungen? Soll es auf sich beruhen; denke ich darüber nach, wird er wiederkommen. Die Ballons. Dieses besondere Publikum hat ein besonders großes Vergnügen an der Betrachtung bewältigter körperlicher Schwierigkeiten; hauptsächlich, wie mir erscheinen will, weil es in seiner Mehrzahl ein ausnehmend eintöniges und wirklichkeitsnahes Leben führt, das obendrein einen ständigen Kampf gegen ununterbrochene Schwierigkeiten bedeutet, und weil außerdem jeder Unfall, jede Erkrankung und jede körperliche Beeinträchtigung in seinem Alltag so schwerwiegende Folgen haben. Dieses scheinbare Paradox will ich gerne erklären. Nehmen wir den Fall der Weihnachtspantomime. Gewiss würde niemand annehmen, dass die junge Mutter im Parterre, die vor Lachen nicht mehr an sich halten kann, wenn das Baby gekocht wird oder jemand sich auf das Baby setzt, von solchen Vorgängen außerhalb der Bühne auch nur entfernt erheitert wäre, und ebenso wenig dürfte man den Ruf des ehrbaren Handwerkers auf der Galerie, den das Entzücken, mit dem er zusieht, wie ein stämmiger Herr aus einem Fenster im zweiten Stock geworfen wird, aus der trüben Gegenwart entführt, mit dem Verdacht beflecken, es könnte ihn auch nur im Geringsten erfreuen, dergleichen auf den Straßen von London, Paris oder New York geschehen zu sehen. Ich habe immer den Eindruck, dass das Geheimnis dieses Vergnügens in der kurzzeitigen Überlegenheit über die alltäglichen Fährnisse und Unfälle des Lebens besteht; darin, dass Unglücksfälle, die im wahren Leben mit körperlichem und seelischem Leid, mit Tränen und Armut einhergehen, sich hier durch eine Art ungeschliffene Poesie so ereignen, dass niemandem ein Haar gekrümmt wird, weil die Vorspiegelung von Kalamitäten in einer Pantomime so dick aufgetragen ist, dass sie gar nichts mehr vorspiegelt. So, wie ich im Vaudevilletheater die Mutter verstehen kann, die sich über das unverwundbare Baby auf der Bühne schier totlacht und die ein sehr leicht verwundbares Baby zu Hause hat, so kann ich in der

Wirklichkeit des Cremorne-Vergnügungsparks den Maurer verstehen, der im wahren Leben oft genug Gefahr läuft, in seiner Arbeitskleidung vom Gerüst zu stürzen und ins Krankenhaus getragen zu werden, und den unendliche Bewunderung für die strahlende Persönlichkeit in ihrem Flitter erfüllt, die auf einem Stier oder mit den Füßen nach oben in die Wolken aufsteigt, wobei er – weil er die Sache nicht durchschaut – der festen Überzeugung ist, dass sie mittels außerordentlicher Fähigkeiten und Geschicklichkeit über solche Missgeschicke erhaben ist, wie sie ihm und seinesgleichen ständig drohen.

Ich wünschte, die Pariser Morgue stellte sich nicht ein, während ich wachliege, mit ihrem tropfenden Wasser, das den ganzen Tag lang tropft und zwar auf das aufgeblähte, wassergetränkte Etwas in der Ecke, das aussieht wie der Haufen überreifer Feigen, den ich einmal in Italien sah! Und schon kommt diese abscheuliche Morgue wieder, diesmal an der Spitze einer Prozession vergessener Gespenstergeschichten. So hat das keinen Sinn. Ich muss an etwas anderes denken, solange ich wach daliege, denn sonst werde ich wie das kluge Tier in den Vereinigten Staaten, das den Oberst erkannte, der ein solcher Meisterschütze war, als gewesener Waschbär enden. Woran soll ich denken? Die brutalen Überfälle der letzten Zeit. Sehr guter Gegenstand. Die brutalen Überfälle der letzten Zeit.

(Obwohl – angenommen, ich sähe hier vor mir, der ich wach daliege, das schaurige Gespenst, das in einer der Geschichten geschildert wird und das mit einem Kopfputz aus einem Leichentuch zu einer bestimmten gespenstischen Nachtstunde zu einer bestimmten Glastür hereinlugt – ich mich fragen muss, ob mir in einem solchen Fall das philosophisch begründete Wissen, dass es sich lediglich um ein Phantasieprodukt handelt, den geringsten Trost spenden würde.)

Die brutalen Überfälle der letzten Zeit. Dass es zweckmäßig sein könnte, für solche Vergehen das Auspeitschen als Strafe wieder einzuführen, bezweifle ich nachdrücklich. Es ist eine natürliche und großzügige Empfindung, sich zu empören, wenn man Taten von unvorstellbarer Brutalität geschehen sieht, aber das Auspeitschen als Allheilmittel betrachte ich mit großer Skepsis. Keineswegs aus Rücksicht auf den Verbrecher oder aus Mitleid mit ihm, denn ich achte ihn geringer als einen tollwütigen Wolf, sondern in Berücksichtigung der allgemeinen Haltung und Stimmung, die seit den Zeiten des Auspeitschens merklich gewonnen hat. Es ist nicht gut für ein Volk, sich an solche Strafen zu gewöhnen. Als die Peitsche Bridewell verließ und nicht mehr am Henkerskarren und am Schandpfahl geschwungen wurde, verschwand sie allmählich auch aus den Irrenanstalten und den Armenhäusern und den Schulen und den Familien und wich überall einem besseren System als dem grausamen Zwang. Es wäre übereilt, nur weil einige vereinzelte Rohlinge ungenügend bestraft werden könnten, in irgendeiner Hinsicht wiederzubeleben, wovon die Gesellschaft sich in so vielerlei Hinsicht gerade erst mit Mühe und Not endlich befreit hat. Die Peitsche ist ein Gegenstand von großer Ansteckungskraft und schwer innerhalb bestimmter Grenzen zu halten. Schafft die Geldbuße als Strafe ab, dieses barbarische Mittel, nicht minder veraltet als das Gottesurteil durch Zweikampf, doch in den Augen des Pöbels gerade mit Untaten dieser Art eng verbunden, vervierfacht die Dauer der Haft für besonders schwere Überfälle und – vor allem anderen – verzichtet in solchen Fällen auf das Verzärteln von Gefangenen mit Kraftbrühe und Braten, sondern lasst sie schwere Arbeit verrichten und gebt ihnen unbeirrbar und ohne Ansehen der Person, ob krank oder gesund, Brot und Wasser zur Nahrung; und das wird uns von größerem Nutzen sein, als in die Finsternis hinunterzusteigen und dort zwischen den rostigen Überresten der Folterbank und des Brandeisens und der Ketten und Galgen, die öffentlich zur Schau gestellt waren, und der Gewichte, mit denen in den Kerkerzellen von Newgate Menschen zu Tode gepresst wurden, nach der Peitsche zu suchen.

Soweit war ich gelangt, als ich merkte, dass ich so lange wachgelegen hatte, dass sogar die Toten zu erwachen und sich höchst bedrückend in meinen Gedanken breitzumachen begannen. Deshalb beschloss ich, nicht länger wachzuliegen, sondern aufzustehen und einen nächtlichen Spaziergang zu machen – welche Entscheidung mich einigermaßen erleichterte, und so wird es vielen anderen auch ergehen, wie ich vorauszusagen wage.

NÄCHTLICHE STREIFZÜGE

Vor einigen Jahren sah ich mich durch eine zeitweilige Unfähigkeit zu schlafen – die Folge eines bedrückenden Erlebnisses – genötigt, nächtelang auf den Straßen umherzustreifen. Das Leiden hätte mich möglicherweise lange Zeit gequält, wenn ich im Bett daran herumzudoktern versucht hätte, doch ich konnte es schnell mittels der belebenden Behandlung kurieren, die darin besteht, sofort nach dem Zubettgehen aufzustehen, auszugehen und bei Sonnenaufgang müde nach Hause zu kommen.

Im Verlauf dieser Nächte vervollkommnete ich meine Ausbildung als Dilettant auf dem Sachgebiet der Obdachlosigkeit. Da mein Hauptbestreben darin bestand, die Nacht zu überstehen, brachte seine Verfolgung mich in kameradschaftlichen Kontakt zu Leuten, die jede Nacht des Jahres kein anderes Bestreben kennen.

Es war März, das Wetter war feucht, verhangen und kalt. Die Sonne ging nicht vor halb sechs Uhr auf, und die nächtliche Perspektive nahm sich folglich um halb eins, zu welchem Zeitpunkt ich mich mit ihr zu befassen pflegte, dauerhaft genug aus.

Die Rastlosigkeit einer Großstadt, die Art, wie sie sich herumwälzt und herumwirft, bevor sie einschlafen kann, bildete eine der ersten Unterhaltungsveranstaltungen, die uns Obdachlosen geboten wurden. Sie dauerte etwa zwei Stunden. Als die letzten Schenken ihre Lichter löschten und die Schankkellner die letzten grölenden Trunkenbolde auf die Straße setzten, büßten wir ziemlich viel Gesellschaft ein, doch danach blieben uns vereinzelte Fuhrwerke und vereinzelte Leute auf dem Weg nach Hause. Wenn wir großes Glück hatten, drehte ein Polizist seine Ratsche, und ein Straßentumult brach aus, doch im Allgemeinen wurde uns erstaunlich wenig dergestalte Zerstreuung geboten. Mit Ausnahme von Haymarket, dem am nachlässigsten bewachten Teil Londons, der Gegend um die Kent Street im Borough und eines Teils der Old Kent Road sah man nur selten gewalttätige Ausschreitungen. Grundsätzlich verhielt es sich allerdings so, dass London immer wieder in Unruhe und Unrast verfiel, als wollte es einzelnen seiner Bewohner nacheifern. Wenn endlich Ruhe eingekehrt zu sein schien, musste nur eine Droschke vorbeirattern, damit ihr unfehlbar ein halbes Dutzend weitere folgten; Obdachlos stellte sogar fest, dass Betrunkene einander offenbar magnetisch anziehen, denn wenn wir sahen, wie ein bezechtes Subjekt gegen die Läden eines Ladens taumelte, wussten wir, dass keine fünf Minuten vergehen würden, bevor das nächste bezechte Subjekt herbeiwanken und sich mit dem ersten verbrüdern oder bekriegen würde. Wenn wir zur Abwechslung von der üblichen Spezies des Trunkenbolds, dem Gintrinker mit seinen mageren Armen, seinem aufgedunsenen Gesicht und seinen bleiernen Lippen, auf eine seltenere und manierlichere Spezies trafen, konnte man fünfzig zu eins wetten, dass dieses Exemplar beschmutzte Trauerkleidung tragen würde. Dieser nächtlichen

Straßenerkenntnis entspricht die tagsüber getätigte, dass nämlich der gemeine Mann, der unversehens an etwas Eigentum
gerät, unversehens an ziemlich viel Schnaps gerät.

Zuletzt erstarben und erloschen auch diese flackernden
Funken – die letzten wahrhaftigen Funken wachen Lebens im
Kielwasser eines verspäteten Straßenverkäufers mit Pasteten
oder heißen Kartoffeln –, und London legte sich zur Ruhe. Und
dann galt das Sehnen des obdachlosen Geistes jeglichem Hinweis auf Gesellschaft, jeglichem beleuchteten Ort, jeglicher Bewegung, jeglicher Möglichkeit, dass jemand auf sein könnte –
nein, sogar lediglich wach, denn das Auge des Obdachlosen
hielt nach beleuchteten Fenstern Ausschau.

Obdachlos wanderte im prasselnden Regen die Straßen
entlang und wanderte, wanderte, wanderte und sah nichts als
das endlose Gewirr der Straßen und hie und da an einer Ecke
zwei Polizisten im Gespräch oder den Sergeanten oder Kom-
missar, die nach ihren Männern sahen. Hin und wieder – aber
nicht oft – wurde Obdachlos eines Kopfs gewahr, der verstoh-
len aus einem Eingang in wenigen Metern Entfernung hinaus-
spähte, und wenn Obdachlos den Eingang erreichte, entdeckte
er einen Mann, der sich kerzengerade im Schatten des Eingangs
hielt und ganz unstreitig ein Vorhaben im Sinne hatte, das nicht
unbedingt mit dem Gemeinwohl in Einklang stand. Im Bann
einer gewissen Faszination und in gespenstischem Schweigen,
wie es der nächtlichen Stunde angemessen war, beäugten Obdachlos und dieser Gentleman einander von oben bis unten
und trennten sich dann wortlos und in gegenseitigem Misstrauen. Tropf, tropf, tropf von Sims und Giebel, platsch aus
Rohren und Abflüssen, und nach und nach geriet der obdach-

lose Schatten auf die Steine, die den Weg zur Waterloo Bridge pflastern, denn ihm stand sein obdachloser Sinn nach der Ausrede im Wert eines halben Pennys, um dem Brückenzolleinnehmer eine gute Nacht wünschen und einen Blick auf sein Feuer erhaschen zu können. Ein gutes Feuer und ein guter Übermantel und ein guter wollener Schal waren erfreuliche Dinge, die es in Zusammenhang mit dem Zöllner zu sehen gab; und dessen muntere Wachheit bildete eine ausgezeichnete Gesellschaft, als er das Wechselgeld auf seinen Eisentisch klirren ließ wie ein Mann, der der Nacht mit all ihren kummervollen Gedanken die Stirn bot und sich nicht darum scherte, wann die Morgendämmerung hereinbrechen würde. Und Ermunterung brauchte man an der Schwelle zur Brücke, denn die Brücke war trostlos. Der zerstückelte ermordete Mann war in jenen Nächten noch nicht an einem Seil über das Brückengeländer gesenkt worden; er war damals lebendig und schlief höchstwahrscheinlich ruhig und friedlich, unbehelligt von Träumen über das, was ihm bevorstand. Doch der Fluss hatte etwas Grauenhaftes, die Gebäude an seinen Ufern waren in schwarze Leichentücher gehüllt, und die widergespiegelten Lichter sahen aus, als stiegen sie aus der Tiefe des Wassers empor und würden von den Geistern der Selbstmörder gehalten, die zeigen wollten, wo sie untergegangen waren. Mond und Wolken waren in ihrem Ungestüm so ruhelos wie ein schlechtes Gewissen in einem zerwühlten Bett, und es war, als lastete der Schatten Londons in seiner riesenhaften Ausdehnung bedrückend auf dem Fluss.

Die Brücke war von den zwei großen Theatern nur wenige Hundert Schritt entfernt, und die Theater waren mein nächstes

Ziel. Finster und dunkel im Inneren, diese großen ausgetrockneten Brunnen, und einsam, stellte man sich die entschwundenen Reihen der Gesichter vor, die gelöschten Lichter und die leeren Sitze. Man könnte meinen, dass zu so einer Stunde nur Yoricks Schädel sich dort wiedererkennt. Bei einer meiner nächtlichen Wanderungen, als die Kirchtürme mit dem Glockenschlag von vier Uhr den Märzwind und den Regen erschütterten, durchquerte ich die Abgrenzung um eine dieser großen Einöden und betrat sie. Mit einer trübseligen Laterne in der Hand ertastete ich mir den wohlbekannten Weg zur Bühne und blickte über den Orchestergraben, der wie ein zu Pestzeiten ausgehobenes Massengrab aussah, in die Leere dahinter. Eine düstere Höhle von offenbar unermesslichem Ausmaß, der Kronleuchter erloschen wie alles Übrige, und in Nebel und Dunst und Leere nichts als Reihen von Leichentüchern. Der Boden unter meinen Füßen, wo ich bei meinem letzten Besuch an diesem Ort die neapolitanischen Bauern zwischen den Weinreben hatte tanzen sehen, sorglos trotz des brennenden Berges, der sie zu verschütten drohte, war nun von einer gewaltigen Schlange in Form einer Feuerspritze okkupiert, die wachsam auf die Feuerschlange lauerte, bereit, sich auf sie zu stürzen, sobald diese ihre gespaltene Zunge zeigte. Das Gespenst eines Wächters mit dem fahlen Leichnam einer Kerze geisterte auf der Galerie herum und entschwand. Ich zog mich zum Proszenium zurück, hielt meine Laterne hoch, dem aufgerollten Vorhang entgegen, der nicht mehr grün war, sondern schwarz wie Ebenholz, und mein Blick verlor sich in einem düsteren Gewölbe voll undeutlicher Andeutungen eines Wirrwarrs aus Segeltuch und Tauwerk. Es kam mir vor, als fühlte ich mich wie ein Taucher am Meeresgrund.

In diesen frühen Morgenstunden, wenn die Straßen unbelebt waren, bedeutete es Stoff zum Nachdenken, den Weg nach Newgate zu nehmen, seine rauen Mauern zu berühren, an die schlafenden Gefangenen zu denken und dann über die Pforte mit ihren Eisenspitzen einen Blick in die Pförtnerloge zu werfen und das Feuer und das Licht der wachhabenden Gefangenenwärter an der weißen Wand zu sehen. Keine unpassende Zeit, vor der elenden kleinen Tür zu verweilen, die Debtor's Door heißt, die fester schließt als jede andere Tür, die ich je sah, und die für so viele die Tür in den Tod war. In den Zeiten, als Leute, die sich vom Land in die Großstadt locken ließen, gefälschte Ein-Pfund-Noten in Umlauf setzten – wie viele Hunderte Elender beiderlei Geschlechts, darunter nicht wenige Unschuldige, sind da aus einer erbarmungslosen und unbeständigen Welt hinausgebaumelt, den schaurigen Anblick des Kirchturms der christlichen Kirche St. Sepulchre vor Augen! Suchen in unseren späteren Zeiten wohl je des Nachts die reuevollen Seelen früherer Direktoren den Sitzungssaal der Bank von England heim, oder ist es dort so ruhig wie im Old Bailey, diesem verruchten Aceldama?

Zur Bank weiterzuwandern, die guten alten Zeiten zu bejammern und über die böse Gegenwart zu lamentieren war der naheliegende nächste Schritt, und deshalb tat ich ihn und machte meine obdachlose Runde um die Bank und verwendete einen Gedanken auf das Geld darin und einen auf die Soldaten, die als Wachen dort die Nacht verbrachten und über ihrem Feuer einnickten. Als Nächstes ging ich nach Billingsgate in der Hoffnung, Markthändlern zu begegnen, doch da es dafür noch zu früh war, überquerte ich die London Bridge und wanderte auf dem Südufer zwischen den Gebäuden der großen Brauerei hindurch den Fluss entlang. In der Brauerei herrschte geschäftiges Treiben, und der Dampf und Getreidegeruch und das Geklapper der stämmigen Karrengäule an ihren Futterkrippen war kapitale Gesellschaft. Recht erfrischt durch den Aufenthalt in dieser guten Gesellschaft machte ich mich mit neuem Mut wieder auf den Weg, diesmal mit dem alten King's-Bench-Gefängnis als Ziel, und ich beschloss, an den armen Horace Kinch und an die Trockenfäule beim Menschen zu denken, wenn ich es erreichte.

Ein sehr eigenartiges Leiden, diese Trockenfäule beim Menschen, und im ersten Stadium sehr schwer zu erkennen. Sie hatte Horace Kinch hinter die Mauern des alten King's-Bench-Gefängnisses gebracht und ihn dann mit den Füßen voran aus dem Gefängnis hinausgebracht. Er war ein gut aussehender Mann gewesen, in der Blüte seiner Jahre, in guten Verhältnissen, durchaus kein Dummkopf und bei vielen Freunden beliebt. Er war eine passende Ehe eingegangen und hatte gesunde und hübsche Kinder. Aber wie manch ein schmuck aussehendes Haus oder Schiff bekam er die Trockenfäule. Der erste erkennbare äußere Hinweis auf Trockenfäule beim Menschen ist eine Neigung zum Herumlungern und Herumstreunen, dazu, sich ohne ersichtlichen Grund an Straßenecken herumzutreiben, ziellos unterwegs zu sein, sich überall und nirgends aufzuhalten statt an einem bestimmten Ort, nichts Greifbares zu tun, aber stets im Begriff zu stehen, am nächsten oder übernächsten Tag einer Vielzahl von ungreifbaren Pflichten nachzukommen. Wenn diese Erscheinungsform der Krankheit sich manifestiert, wird sie den Beobachter in der Regel an einen früher einmal erhaltenen oder gebildeten Eindruck erinnern, dass der Patient ein wenig zu flott zu leben pflegte. Dem Beobachter bleibt kaum genug Muße, sich den Gedanken durch den Kopf gehen zu lassen und den schrecklichen Verdacht auf «Trocken-fäule» zu formulieren, bevor ihm eine Veränderung zum Schlechteren in der Erscheinung des Patienten auffallen wird: eine gewisse Nachlässigkeit und Schlampigkeit, die nicht von Armut oder Ungepflegtheit oder Trunksucht oder Krankheit kündet, sondern von nichts anderem als Trockenfäule. Als Nächstes gesellt sich dem der morgendliche Geruch nach geisti-gen Getränken hinzu, gefolgt von einem lockeren Umgang mit Geld, gefolgt von einem stärkeren Geruch nach geistigen Ge-tränken zu allen Tageszeiten, gefolgt von einem lockeren Um-gang mit allen Dingen, gefolgt von Gliederzittern, Schlafsucht, Elend und völliger Auflösung. Wie beim Holz, so auch bei den Menschen. Die Trockenfäule entwickelt sich mit einer vielseiti-gen und wucherischen Schnelligkeit, die völlig unberechenbar ist. Ein befallenes Brett genügt, und das ganze Gebäude ist dem Untergang geweiht. So war es dem unglücklichen Horace Kinch ergangen, dessen Begräbnis neulich durch eine kleine Samm-lung ermöglicht wurde. Seine Bekannten hatten eben erst ge-sagt: «So wohlsituiert, so gut versorgt, mit so hoffnungsvollen Aussichten – und doch mit etwas Trockenfäule infiziert, wie zu befürchten steht!», und schon bestand er von Kopf bis Fuß aus nichts als Trockenfäule, Staub und Asche.

Von der toten Mauer, die in solchen obdachlosen Nächten diese nur allzu gewöhnliche Geschichte heraufbeschwört, wollte ich als Nächstes in Richtung des Bethlehem Hospital wandern, zum Teil deshalb, weil mir eine nächtliche Phantasie in den Sinn gekommen war, der ich am ehesten in Sichtweite der Mauern und der Kuppel dieser Institution nachhängen konnte. Die Phantasie war folgende: Sind die geistig Gesunden und die Geisteskranken nicht gleich, wenn die Gesunden des Nachts träumend im Bett liegen? Sind nicht wir alle außerhalb dieser Anstalt, wenn wir träumen, in jeder Nacht unseres Lebens mehr oder weniger in der gleichen Verfassung wie ihre Insassen? Sind wir nicht Nacht für Nacht davon überzeugt, wie sie es Tag für Tag sind, dass wir absurden Verkehr mit Königen und Königinnen pflegen, mit Herrschern und Herrscherinnen und mit bedeutenden Persönlichkeiten aller Art? Wirbeln wir nicht Nacht für Nacht Geschehnisse und Personen durcheinander, Zeiten und Orte, wie sie es Tag für Tag tun? Beunruhigen uns nicht bisweilen die eigenen dem Schlaf entspringenden Inkonsequenzen, und versuchen wir sie nicht voller Verdruss zu erklären oder zu entschuldigen, so wie jene es mit ihren Wahnvorstellungen in wachem Zustand halten? So sagte ein Leidender zu mir, als ich zum letzten Mal in einer solchen Anstalt weilte: «Sir, ich kann oft fliegen.» Ich schämte mich fast bei dem Gedanken, dass auch ich dazu fähig bin – des Nachts. Eine Frau sagte bei selbigem Anlass zu mir: «Königin Victoria kommt häufig zum Speisen zu mir, und Ihre Majestät und ich schmausen im Nachtgewand Pfirsiche und Makkaroni, und Seine Königliche Hoheit der Prinzgemahl erweist uns die Ehre, in der Uniform eines Feldmarschalls als Dritter mit uns zu Pferde zu sitzen.» Wie sollte ich nicht schuldbewusst erröten, wenn ich mich der staunenswerten Einladungen für das Königspaar entsann, die ich selbst veranstaltet hatte (nächtens), der erstaunlichen Speisen, die ich serviert hatte, und des seltsamen Betragens, durch das ich mich bei diesen vornehmen Anlässen ausgezeichnet hatte? Es verwundert mich, dass der große Meister, der alles wusste, wenn er den Schlaf «des Todes Abbild» nannte, die Träume nicht des Wahnsinns Abbild nannte.

Mittlerweile hatte ich Bedlam hinter mir gelassen und wendete meine Schritte wieder zum Fluss; und nach einer kurzen Weile war ich auf der Westminster Bridge und weidete meine obdachlosen Augen am äußeren Anblick des britischen Parlaments – die Vervollkommnung einer erstaunlichen Einrichtung, wie ich wohl weiß, und Gegenstand der Bewunderung aller umliegenden Nationen und künftigen Zeitalter, wie ich nicht bezweifle, aber vielleicht ab und zu keineswegs zu seinem Nachteil energisch dazu genötigt, seine Arbeit zu tun. Ich trat in den Old Palace Yard, und eine Viertelstunde lang leisteten mir die Gerichtshöfe Gesellschaft, vertrauten mir leise flüsternd an, wie viele Menschen sie wachhielten und wie unendlich elend und schrecklich sie die frühen Morgenstunden für glücklose Parteien von Rechtshändeln machten. Westminster Abbey bot für eine weitere Viertelstunde hervorragend düstere Gesellschaft und beschwor eine staunenswerte Prozession ihrer Toten zwischen den dunklen Bögen und Säulen herauf, wobei jedes Jahrhundert von dem folgenden Jahrhundert noch verblüffter war als von allen vorausgegangenen Jahrhunderten. Und wahrhaftig stellte sich bei diesen obdachlosen nächtlichen Wanderungen – die sogar Friedhöfe umfassten, wo Wächter zu festen Zeiten zwischen den Gräbern ihre Runde machten und die Registriervorrichtung eines Anzeigers in Gang setzten, die festhielt, wann sie berührt worden war – die ernste Überlegung ein, welch riesige Heerscharen von Toten zu einer alten großen Stadt zählen und dass, würden sie zum Leben erweckt, während die Lebenden schlafen, in all den Straßen und Gassen nicht eine Nadelspitze Platz für die Lebenden bliebe. Damit nicht genug, würden die gewaltigen Heere der Toten die Hügel und Täler jenseits der Stadt überfluten und sich um sie herum wer weiß wie weit erstrecken: dem Augenschein nach bis zum Ende der Welt.

Wenn das Ohr des Obdachlosen in nächtlicher Totenstille den Schlag einer Kirchenglocke vernimmt, kann es diesen Klang zuerst als Gesellschaft missdeuten und begrüßen. Doch wenn die Kreise des Nachhalls sich ausbreiten, was man zu solchen Zeiten ganz klar hören kann, und sich endlos immer weiter dehnen, vielleicht (wie es die Philosophen behauptet haben) bis in die Unendlichkeit des Universums, dann ist der Irrtum aufgeklärt, und das Gefühl der Einsamkeit macht sich noch stärker bemerkbar. Einmal – nachdem ich Westminster Abbey verlassen hatte und mich nach Norden wendete – gelangte ich zu der großen Treppe von St. Martin's, als es gerade drei Uhr schlug. Unversehens sprang ein Etwas, auf das ich im nächsten Augenblick getreten wäre, ohne es zu sehen, vor meinen Füßen auf, stieß einen Schrei der Einsamkeit und Obdachlosigkeit aus, den der Glockenschlag übertönte, einen Schrei, wie ich ihn noch nie gehört hatte. Dann standen wir einander gegenüber und blickten einander in gegenseitigem Entsetzen an. Das Geschöpf sah aus wie ein junger Mann von etwa zwanzig Jahren mit buschigen Augenbrauen und einer Hasenscharte, und es war mit einem losen Bündel von Lumpen bekleidet, das es mit einer Hand zusammenhielt. Es zitterte von Kopf bis Fuß und klapperte mit den Zähnen, und als es mich anstarrte – wie einen Verfolger, den Teufel oder ein Gespenst –, bewegte es seinen winselnden Mund, als wollte es nach mir schnappen wie ein verängstigter Hund. In der Absicht, diesem abstoßenden Subjekt Geld zu geben, streckte ich die Hand aus und wollte ihm Halt verschaffen, denn es wich zurück, winselnd und nach mir schnappend, und ich legte ihm die Hand auf die Schulter. Augenblicklich wand es sich aus seiner Bekleidung wie der junge Mann im Neuen Testament und ließ mich allein zurück, mit seinen Lumpen in der Hand.

Der Markt von Covent Garden war an Marktmorgen voll herrlicher Gesellschaft. Die großen Karren mit Kohlköpfen, unter denen die Bauern und ihre Helfer lagen und schliefen, das Ganze bewacht von gewitzten Hunden aus der Umgebung der Anbaufelder, waren auf ihre Art fast ein Fest. Doch einer der schlimmsten Anblicke in London, die ich kenne, ist der Anblick der Kinder, die sich an diesem Ort herumtreiben; die in den Körben schlafen, sich um die Schlachtabfälle streiten, auf jeden Gegenstand zuspringen, den sie in ihre diebischen Hände zu bekommen hoffen, unter Karren und Schubkarren flitzen, sich vor den Polizisten verdrücken und mit ihren nackten Füßen auf dem Pflaster der Piazza unablässig ein dumpfes Getrappel machen. Schmerzlich und unnatürlich ist das Ergebnis des Vergleichs, der sich aufdrängt angesichts des unausweichlichen Verrottens dieser liebevoll gezüchteten und umhegten Früchte der Erde und des unausweichlichen Verderbens dieser rundum vernachlässigten (soweit nicht Jagd auf sie gemacht wird) Wilden.

Am Markt von Covent Garden konnte man den ersten Kaffee bekommen, und im Kaffeehaus gab es mehr Gesellschaft und vor allem warme Gesellschaft, was noch besser war. Auch Toast von sehr herzhafter Beschaffenheit war erhältlich, obwohl der Mann mit zerzausten Haaren, der ihn in einem abgesonderten Raum innerhalb des Frühstückszimmers machte, noch keinen Rock anhatte und so schlaftrunken war, dass er sich in jeder Pause zwischen Toast und Kaffee hinter der Abtrennung seines Verschlags wieder auf neue Kreuzungen aus Ersticken und Schnarchen begab und sofort den Weg verlor. In eines dieser Lokale (eines der ältesten) in der Nähe der Bow Street kam eines Morgens, als ich über meiner obdachlosen Tasse saß und überlegte, wohin ich als Nächstes gehen sollte, ein Mann in hochgeknöpftem und langem schnupftabakfarbenen Mantel und Schuhen und mit einem Hut als einziger Kleidung, soweit ich es beurteilen konnte, und aus seinem Hut holte er eine kalte Fleischpastete heraus; diese Fleischpastete war so groß, dass sie im Hut feststeckte und das Hutfutter mit herauszog. Dieser Mann war für seine Fleischpastete bekannt, denn bei seinem Eintreten brachte ihm der schläfrige Mann einen Schoppen heißen Tee, ein kleines Brot und ein großes Messer, eine Gabel und einen Teller. In seinem Abteil legte der Mann die Pastete auf den leeren Tisch, und statt sie zu zerteilen, stach er mit dem Messer von oben auf sie ein, als wäre sie sein Todfeind; dann zog er das Messer heraus, wischte es an seinem Ärmel ab, zerriss die Pastete mit den Händen und aß sie auf bis auf den letzten Krümel. Die Erinnerung an diesen Mann mit der Pastete ist für mich die bleibende Erinnerung an die gespenstischste Erscheinung, der ich als Obdachloser begegnet bin. Ich war nur zweimal in diesem Lokal, und beide Male sah ich ihn hereinstolzieren (meinem Eindruck nach kam er geradewegs aus dem

Bett und ging hinterher stracks wieder hinein), seine Pastete hervorholen, die Pastete erstechen, den Dolch abwischen und die Pastete bis auf den letzten Krümel verzehren. Er war ein Mann, dessen Gestalt zum Leichenhaften tendierte, doch er hatte ein ausnehmend rotes Gesicht, wenngleich ein Pferdegesicht. Als ich ihn zum zweiten Mal erlebte, sagte er heiser zu dem schlaftrunkenen Mann: «Bin ich heute Nacht rot im Gesicht?» «So ist es», lautete die kompromisslose Antwort. «Meine Mutter», sagte die gespenstische Erscheinung, «war eine rotgesichtige Frau, die gerne trank, und als sie im Sarg lag, habe ich sie aufmerksam angesehen und habe die Farbe von ihr übernommen.» Danach wollte die Pastete mir nicht mehr recht zusagen, und ich suchte ihre Nähe nicht wieder.

Wenn kein Markttag war oder wenn es mich nach Abwechslung verlangte, bot ein Bahnhof, in den die Züge mit der Morgenpost einfuhren, lohnende Gesellschaft. Doch wie fast alle Gesellschaft auf dieser Welt hatte man sie nur für kurze Zeit. Die Bahnhofslampen leuchteten hell auf, die Dienstmänner kamen aus ihren Verstecken hervor, Droschken und Rollwagen ratterten an ihren Platz (die Postkarren standen schon bereit), und dann ertönte das Signal, und der Zug donnerte herein. Aber es gab nur wenige Reisende und kaum Gepäck, und alles entschwand mit großer Hast und Eile. Die Poststationen in den Zügen mit ihren großen Netzen, als hätten sie das Land nach Leichen abgesucht, rissen ihre Türen auf und spien Lampengeruch, einen erschöpften Schreiber, eine Wache in rotem Rock und ihre Postsäcke aus; die Lokomotive schnaufte und keuchte und schwitzte, als wischte sie sich die Stirn und als wollte sie sagen, wie schnell sie gewesen war; und keine zehn

Minuten später waren die Lichter gelöscht, und ich war wieder obdachlos und allein.

Doch nun wurde Vieh auf der nahen Hauptstraße vorbeigetrieben, und die Rindviecher wollten unbedingt (wie es ihre Art ist) in steinerne Mauern hineintrampeln oder sich durch die spannenbreiten Zwischenräume von Eisengittern zwängen, und senkten die Köpfe (wie es auch ihre Art ist), um eingebildete Hunde in die Flucht zu jagen, und verschafften jedem der Lebewesen, die sie betreuten, so viel unnötige Umstände wie nur möglich. Und nun verblich auch das pflichtbewusste Gaslicht im Wissen, dass es bald hell sein würde, und vereinzelte Arbeiter waren bereits auf den Straßen unterwegs, und so, wie das wache Leben mit den letzten Funken des Pastetenverkäufers erloschen war, wurde es mit dem Feuer der ersten Frühstücksverkäufer auf der Straße wieder entfacht. Und in immer kürzeren Abständen, bis die letzten Abstände kaum noch Abstände waren, brach der Tag an, und ich war müde und konnte schlafen. Und wie ich zu denken pflegte, wenn ich zu solchen Zeiten nach Hause ging, zählt es zu den wahrlich erstaunlichen Dingen in London, dass der obdachlose Wanderer in der wahren Einöde der Nacht allein sein kann. Ich hätte sehr wohl gewusst, wo Lasterhaftigkeit und Unglück jeder Art zu finden waren, wenn es mich danach gelüstet hätte; aber sie waren dem Blick entzogen, und meine Obdachlosigkeit gebot über Meilen um Meilen von Straßen, auf denen sie ihres eigenen einsamen Weges wandeln konnte und wandelte.

NÄCHTLICHE STRASSENSZENE
IN LONDON

Am fünften November vergangenen Jahres verirrte ich, der Leiter dieser Zeitschrift, mich in Begleitung eines dem Publikum wohlbekannten Freundes zufällig nach Whitechapel. Es war ein scheußlicher Abend, sehr finster, sehr nass und schmutzig, und es regnete stark.

Dieser Teil Londons ist voller herzzerreißender Anblicke, und seit vielen Jahren kenne ich ihn in fast all seinen Erscheinungsformen. Wir achteten nicht mehr auf Schmutz und Regen, während wir langsam dahinwanderten und uns umsahen, bis wir um acht Uhr unversehens vor dem Armenhaus anlangten.

An der Mauer des Armenhauses, auf der dunklen Straße, auf den schmutzigen Pflastersteinen und dem Regen ausgesetzt, kauerten fünf Bündel aus Lumpen. Sie waren reglos und hatten keine Ähnlichkeit mit einem menschlichen Körper. Fünf große Bienenstöcke, mit Lumpen bedeckt, fünf Leichname, aus dem Grab hervorgeholt, an Hals und Füßen zusammengebunden und mit Lumpen bedeckt, hätten nicht anders ausgesehen als diese fünf Bündel, auf die der Regen auf dieser öffentlichen Straße herabregnete.

«Was mag das sein?», sagte mein Begleiter. «Was mag das sein!»

«Irgendwelche Bedauernswerten, die nicht in das Obdach-
losenasyl aufgenommen wurden, vermute ich», sagte ich.

Wir waren vor den fünf abgerissenen Haufen stehen ge-
blieben und standen da wie angewurzelt, von ihrem schaurigen Anblick gefesselt. Fünf grauenhafte Sphinxgestalten am
Wegesrand, die jedem Vorbeikommenden zuriefen: «Verweile
und rate! Wie wird das Ende einer Gesellschaft beschaffen sein,
die uns hier unserem Schicksal überlässt!»

Als wir dastanden und sie ansahen, berührte mich ein
ehrbarer Arbeiter, offenbar ein Steinmetz, an der Schulter.

«Das ist ein fürchterlicher Anblick», sagte er, «in einem
christlichen Land!»

«Das ist es weiß Gott, mein Freund», sagte ich.

«Ich habe oft schon Schlimmeres als das gesehen, wenn
ich von der Arbeit nach Hause kam. Ich habe schon fünfzehn,
zwanzig, fünfundzwanzig von ihnen gezählt, oft genug. Es ist
schrecklich, so etwas zu sehen.»

«Schrecklich in der Tat», sagten ich und mein Gefährte wie
aus einem Mund. Der Mann verharrte noch kurze Zeit bei uns,
wünschte uns dann eine gute Nacht und ging weiter.

Uns, die wir bessere Aussichten auf Gehör hatten als der
Arbeiter, wäre es herzlos erschienen, die Dinge auf sich beruhen zu lassen, und deshalb klopften wir an das Tor des Armenhauses. Ich wollte für uns sprechen. Sobald ein alter Armen-
häusler das Tor öffnete, folgte ich ihm geschwind, gefolgt von
meinem Gefährten. Ich verlor keine Zeit, denn im wässrigen
Auge des alten Armenhäuslers sah ich die entschiedene Neigung, uns die Tür vor der Nase zuzuschlagen.

«Seien Sie so freundlich, dem Leiter des Armenhauses

diese Karte zu geben und ihm zu sagen, dass ich ihn gerne für einen Augenblick sprechen würde.»

Wir befanden uns in einer überdachten Einfahrt, und der alte Pförtner entfernte sich mit der Karte. Bevor er eine Tür zur Linken erreichte, kam ein Mann in Übermantel und Hut eilends und schroff heraus, als wäre er es gewohnt, jeden Abend schikaniert zu werden und diese Artigkeit in gleicher Weise zu erwidern.

«So, meine Herren», sagte er ziemlich laut, «was wünschen Sie hier?»

«Zuerst», sagte ich, «bitte ich Sie um den Gefallen, die Karte in Ihrer Hand anzusehen. Vielleicht ist Ihnen mein Name bekannt.»

«Ja», sagte er, indem er sie ansah. «Ich kenne den Namen.»

«Gut. Ich möchte Sie nur in höflichem Ton etwas fragen, und es gibt keinen Anlass für Sie oder mich, in Zorn zu geraten. Es wäre sehr töricht von mir, Ihnen Vorwürfe zu machen, und ich mache Ihnen keine Vorwürfe. Ich mag an dem System, das Sie vollstrecken, manches auszusetzen haben, aber Sie dürfen mir glauben, dass ich weiß, dass Sie hier eine Pflicht erfüllen, die Ihnen zugewiesen wurde, und dass ich Ihre Pflichterfüllung nicht anzweifle. Und ich hoffe, Sie haben jetzt nichts dagegen, mir zu sagen, was ich gerne wissen würde.»

«Nein», sagte er einigermaßen besänftigt und sehr friedfertig, «nicht das Geringste. Was wollen Sie wissen?»

«Wissen Sie, dass draußen fünf jämmerliche Gestalten warten?»

«Ich habe sie nicht gesehen, aber kann es mir denken.»

«Zweifeln Sie daran?»

«O nein, keineswegs. Es könnten wesentlich mehr sein.»

«Sind es Männer? Oder Frauen?»

«Frauen, nehme ich an. Sehr wahrscheinlich waren einige von ihnen schon letzte und vorletzte Nacht dort draußen.»

«Wollen Sie sagen, die ganze Nacht?»

«Sehr wahrscheinlich.»

Mein Begleiter und ich wechselten einen Blick, und der Leiter des Armenhauses fügte schnell hinzu: «Um Himmels willen, was soll ich denn tun? Was kann ich denn tun? Das Haus ist voll. Das Haus ist immer voll, jede Nacht. Ich muss schließlich Frauen mit Kindern Vorrang einräumen, oder etwa nicht? Sie würden doch nicht verlangen, dass ich anders handle?»

«Gewiss nicht», sagte ich. «Das ist ein sehr menschliches Prinzip und völlig richtig; und ich freue mich, Sie so sprechen zu hören. Vergessen Sie bitte nicht, dass ich *Ihnen* keine Vorwürfe mache.»

«Nun gut!», sagte er. Und wurde wieder friedlich.

«Was ich Sie gern fragen würde», fuhr ich fort, «ist, ob Sie irgendetwas Nachteiliges über die fünf jammernswerten Wesen dort draußen wissen?»

«Ich weiß gar nichts über sie», sagte er mit einer Armbewegung.

«Ich frage das aus diesem Grund: weil wir ihnen eine Kleinigkeit geben wollen, damit sie sich eine Unterkunft besorgen können – falls sie nicht obdachlos sind, weil sie zum Beispiel Diebinnen wären. Wissen Sie etwas Derartiges über sie?»

«Ich weiß gar nichts über sie», wiederholte er nachdrücklich.

«Das heißt, sie sind nur deshalb ausgeschlossen, weil das Asyl überfüllt ist?»

«Weil das Asyl überfüllt ist.»

«Und wenn sie Einlass fänden, dann hätten sie nur für eine Nacht ein Dach über dem Kopf und morgens ein Stück Brot, nehme ich an?»

«So ist es. Entscheiden Sie selbst, wie viel Sie ihnen geben wollen. Aber lassen Sie sich gesagt sein, dass ich nicht mehr über sie weiß als das, was ich Ihnen gesagt habe.»

«Genau. Mehr wollte ich nicht wissen. Sie haben meine Frage höflich und bereitwillig beantwortet, und ich bin Ihnen sehr verbunden. Ich habe nichts gegen Sie zu sagen, sondern ganz im Gegenteil. Gute Nacht!»

«Gut Nacht, meine Herren!» Und wir traten wieder hinaus.

Wir gingen zu dem zerlumpten Bündel, das der Tür zum Armenhaus am nächsten war, und ich berührte es. Da es sich nicht regte, schüttelte ich es sanft. In den Lumpen regte sich langsam etwas, und allmählich wurde ein Kopf enthüllt. Der Kopf einer jungen Frau von dreiundzwanzig oder vierundzwanzig Jahren, wie mir scheinen wollte; hager vor Entbehrungen und schmutzstarrend, doch nicht von Natur aus hässlich.

«Sagen Sie uns», sagte ich und beugte mich zu ihr, «warum liegen Sie hier?»

«Weil ich nicht in das Armenhaus reinkann.»

Sie sprach leise und tonlos; keine Neugier, kein Interesse beseelten sie mehr. Sie blickte verträumt zu dem schwarzen Himmel und dem fallenden Regen, ohne mich oder meinen Gefährten anzusehen.

«Waren Sie letzte Nacht auch hier?»

«Ja. Die ganze letzte Nacht. Und die Nacht davor auch.»

«Kennen Sie eine der anderen?»

«Ich kenne die übernächste. Sie war letzte Nacht hier, und sie hat mir erzählt, dass sie aus Essex kommt. Mehr weiß ich nicht von ihr.»

«Sie waren alle letzte Nacht hier, aber nicht den ganzen Tag?»

«Nein. Nicht den ganzen Tag.»

«Wo waren Sie am Tag?»

«Auf den Straßen.»

«Was hatten Sie zu essen?»

«Nichts.»

«Kommen Sie!», sagte ich. «Überlegen Sie. Sie sind müde und waren eingeschlafen und wissen nicht recht, was Sie da sagen. Sie müssen heute etwas zu essen gehabt haben. Kommen Sie! Überlegen Sie!»

«Nein, ich hatte nichts. Nichts als die Abfälle, die ich auf dem Markt aufgelesen hab. *Sehen Sie mich doch an!*»

Sie entblößte ihren Hals, und ich bedeckte ihn wieder.

«Wenn Sie einen Shilling für ein Nachtessen und ein Nachtquartier hätten, wüssten Sie dann, wo Sie so etwas finden könnten?»

«Ja. Das wüsste ich.»

«Dann nehmen Sie ihn um Gottes willen!»

Ich legte ihr das Geld in die Hand, und sie erhob sich kraftlos und ging fort. Sie dankte mir nicht und sah mich nicht an, sondern verflüchtigte sich in der elenden Nacht auf die sonderbarste Weise, die ich je sah. Ich habe viele sonderbare Dinge zu sehen bekommen, aber nichts hat je einen tieferen Eindruck in meinem Gedächtnis hinterlassen als die stumpfe, teilnahmslose Art und Weise, in der dieses zermürbte Häufchen Elend das Geldstück nahm und verschwand.

Eine nach der anderen sprach ich alle fünf an. In jeder von ihnen waren Interesse und Neugier so erloschen wie in der ersten. Sie waren allesamt stumpf und schlaff. Keine äußerte ein Wort der Beteuerung oder der Klage; keine gab sich die Mühe, mich anzusehen; keine dankte mir. Als ich zu der dritten kam, sah sie offenbar, dass mein Begleiter und ich zu den zwei letzten blickten, die im Schlaf aneinanderlehnten und dalagen wie zerbrochene Bildwerke. Sie sagte, sie glaube, es seien junge Schwestern. Das waren die einzigen Worte, die eine der fünf von sich aus sagte.

Und nun lassen Sie mich diesen schrecklichen Bericht mit einem versöhnlichen und bewundernswerten Zug der Ärmsten der Armen beschließen. Als wir aus dem Armenhaus kamen, waren wir über die Straße zu einem Wirtshaus gegangen, um einen Sovereign wechseln zu lassen, weil wir kein Kleingeld bei uns hatten. Ich hielt das Geld in der Hand, während ich zu den fünf Erscheinungen sprach. Unser eindringliches Interesse weckte die Neugier vieler jener Armen, die für diese Gegend so bezeichnend sind; als wir uns über die Lumpenbündel beugten, beugten sie sich hinter uns neugierig vor, um alles mitanzusehen und mitzuhören; was ich in der Hand hielt und was ich sagte und tat, muss der ganzen Zuhörerschaft ersichtlich gewesen sein. Als die letzte der fünf aufgestanden und verschwunden war, traten die Zuschauer auseinander, um uns den Weg freizumachen; und keiner von ihnen bettelte uns an, weder mit Worten noch mit einem Blick oder einer Geste. Manche der Gesichter, die uns beobachteten, waren gewitzt genug, um zu wissen, dass es uns erleichtert hätte, das restliche Geld loszuwerden in der Hoffnung, damit ein wenig Gutes zu tun. Doch sie alle standen unter dem Eindruck, dass ihre Not sich mit einem solchen Anblick nicht vergleichen ließ; und sie traten in tiefem Schweigen beiseite und ließen uns gehen.

Mein Gefährte schrieb mir am nächsten Tag, dass die fünf zerlumpten Bündel die ganze Nacht auf seinem Bett gelegen hätten. Ich zerbrach mir den Kopf, wie wir unser Zeugnis dem der vielen anderen hinzufügen konnten, die sich von Zeit zu Zeit gedrängt fühlen, an die Zeitungen zu schreiben, wenn sie auf einen schändlichen und erschreckenden Anblick dieser Art stoßen. Ich beschloss, in dieser Zeitschrift einen wahrheitsgetreuen Bericht dessen zu schreiben, was wir erlebt hatten, damit jedoch bis nach Weihnachten zu warten, um kühlen Kopfs und überlegt vorzugehen. Ich weiß, dass die unvernünftigen Anhänger einer vernünftigen Denkungsweise, die Zahlen und politische Ökonomie bis weit über die Grenzen jeder Vernunft (von solchen Schwächen wie der Menschlichkeit ganz zu schweigen) treiben und darin das Allheilmittel schlechthin sehen, mit Leichtigkeit darlegen können, dass solche Dinge nun einmal sein müssen und dass niemand das Recht hat, daran Anstoß zu nehmen. Ohne den Sinn dieser unverzichtbaren Wissenschaften schmähen zu wollen, sage ich, dass ich sie in ihrem Irrsinn zutiefst verabscheue und von mir weise; und ich wende mich an diejenigen, die den Geist des Neuen Testaments achten, die an solchen Dingen Anstoß nehmen und die sie als eine Schande auf unseren Straßen erachten.

AUF DER THEMSE FLUSSABWÄRTS

Die Nacht war sehr dunkel und bitterkalt; ein finsterer Ostwind wehte und brachte stechende Partikel von Marsch und Moor und Sumpfland mit, vielleicht sogar aus der Sahara und aus dem alten Ägypten. Einzelne Bestandteile des scharfsandigen Dunsts, der die Themse in London hinaufflog, mochten Mumienstaub sein, Staubkörner aus dem Tempel von Jerusalem, Spuren von Kamelhufen oder von Brutstätten der Krokodile, abgelöste Antlitzreste von den Gesichtern stumpfnasiger Sphingen, Reste von Karawanen turbanbekrönter Händler, Dschungelvegetation, gefrorener Schnee vom Himalaya. Oh! Es war sehr, sehr dunkel auf der Themse, und es war bitter-, bitterkalt.

«Aber vermutlich», sagte die Stimme aus der dicken Pijacke neben mir, «haben Sie schon eine ganze Menge Flüsse zu sehen bekommen?»

«Gewiss», sagte ich, «und gar nicht so wenige, wenn ich es recht bedenke. Vom Niagara bis hinunter zu den italienischen Gebirgsbächen, die wie der Nationalcharakter sind, sehr sanftmütig und plötzlich brodelnd und über die Ufer schießend, und danach werden sie wieder zahm. Die Mosel und den Rhein und die Rhône; und die Seine und die Saône, und den Sankt-Lorenz-Strom, den Mississippi und den Ohio; und den Tiber und den Po und den Arno; und den …«

Pijacke hüstelte, als hätte er genug gehört, und ich verstummte. Ich hätte die Aufzählung bis zum Ermüden fortsetzen können, wenn mir der Sinn danach gestanden hätte, ihn zu plagen.

«Und doch», sagte er, «sieht dieser hier so besonders trostlos aus?»

«So grauenhaft», erwiderte ich, «in der Dunkelheit. Die Seine in Paris ist zu solchen Zeiten auch sehr düster, und sie ist wahrscheinlich Schauplatz von weit mehr Verbrechen und größerer Verderbtheit; aber dieser Fluss ist so breit und gewaltig, trübe und schweigsam und ein solches Bild des Todes mitten im Leben der großen Stadt, dass …»

Pijacke hüstelte schon wieder. Es war ihm einfach zuwider, wenn ich weit ausholte.

Wir saßen in einem vierruderigen Langboot der Themse-Polizei, das im tiefen Schatten der Southwark Bridge unter ihrem südlichsten Brückenbogen startklar auf der Lauer lag; mit der Ebbe waren wir von Vauxhall hergekommen. Es war nicht leicht, trotz der Nähe zum Ufer die Stellung zu halten, denn der Fluss führte viel Wasser, und die Strömung der Ebbe war sehr stark. Wir beobachteten gewisse Wasserratten in menschlicher Gestalt und warteten im tiefen Schatten so still wie die Mäuschen, unser Licht abgeschirmt und unsere Worte im Flüsterton gewechselt. Über uns waren die massiven eisernen Brückenträger kaum auszumachen, und unter uns schien der wuchtige Schatten der Brücke zum Grund des Flusses hinabzusinken.

Wir lagen seit etwa einer halben Stunde auf der Lauer. Mit dem Rücken zum Wind, gewiss; doch der Wind war unternehmungslustiger Stimmung und blies unmittelbar durch uns hindurch, statt sich die Mühe zu machen, uns zu umrunden. Ich hätte einen Brander bestiegen, um die Sache in Gang zu bringen, und machte meinem Freund Pi diskret einen entsprechenden Vorschlag.

«Zweifellos», sagte er mit größter Geduld, «aber es würde uns wenig nützen, sie ans Ufer zu treiben. Flussdiebe können sich binnen Sekunden von ihrem Diebesgut befreien, indem sie es über Bord werfen. Wir wollen sie mit ihrer Beute ertappen, und deshalb lauern wir hier und tauchen dann unversehens auf. Wenn sie uns vorher sehen oder hören, geht die Ware über Bord.»

Da an Pis überlegenem Wissen nicht zu zweifeln war, blieb uns nichts anderes übrig, als eine weitere halbe Stunde lang dazusitzen und uns durchpusten zu lassen. Und da die Wasserratten es für ratsam hielten, sich am Ende dieser Zeitspanne zu entfernen, ohne eine Straftat begangen zu haben, fuhren wir ergebnislos mit der Ebbe weiter.

«Sieht ganz schön düster aus, was?», sagte Pi, als er sah, wie ich über die Schulter zu den Lichtern auf der Brücke zurückblickte und dann den Blick auf ihren langen gewundenen Widerschein im Fluss richtete.

«Sehr düster», sagte ich, «und bei ihrem Anblick denkt man erschaudernd an Selbstmorde. Was für eine Nacht für einen schaurigen Sprung vom Brückengeländer!»

«Tja, aber Waterloo ist die beliebteste Brücke für alle, die ein Loch ins Wasser machen wollen», erwiderte Pi. «Apropos – halt, Burschen, halt! –, würden Sie sich gern mit Waterloo darüber unterhalten?»

Da meine Miene den überraschten Wunsch offenbarte, ein paar freundschaftliche Worte mit der Waterloo Bridge zu wechseln, und da mein Freund Pi der zuvorkommendste Mensch der Welt war, wendeten wir, ruderten aus der Strömung hinaus, und anstatt in hoher Geschwindigkeit mit der Strömung dahinzuschießen, ruderten wir nun gegen sie an, abermals in Ufernähe. Jede Farbe außer Schwarz schien die Welt verlassen zu haben. Die Luft war schwarz, das Wasser war schwarz, die Lastkähne und Schiffsrümpfe waren schwarz, die Brückenpfeiler waren schwarz, die Gebäude waren schwarz, und die Schatten waren nur ein tieferes Schwarz auf dem schwarzen Boden. Vereinzelt flackerte ein Kohlenfeuer in einem eisernen Dreifuß auf einer Werft; doch es bestand kein Zweifel daran, dass es bis vor Kurzem ebenfalls schwarz gewesen war und bald genug wieder schwarz sein würde. Unersprießliches Wasserrauschen, dessen Glucksen an Ertrinken und Versinken gemahnte, gespenstisches Rasseln eiserner Ketten, trostloses Rattern unharmonischer Maschinen – sie bildeten die Musik zum Takt des Eintauchens unserer Ruderblätter und des Knarrens der Riemen in den Dollen. Sogar diese Geräusche hatten einen schwarzen Klang für mich, so wie die Trompete, die für den Blinden rot ertönte.

Unsere geschickte Bootsbesatzung scherte sich nicht um die Strömung und ruderte uns unbeirrt zur Waterloo Bridge hinauf. Dort stiegen Pi und ich aus, gingen unter dem schwarzen steinernen Bogen hindurch und stiegen die steile Steintreppe hinauf. Als wir fast ihr Ende erreicht hatten, machte Pi mich mit Waterloo bekannt (beziehungsweise mit einem bekannten Brückenzolleinnehmer, der dieses Gebäude verkörperte); Waterloo war bis zu den Augen in einen dicken Schal eingemummt, in einen weiten Übermantel eingewickelt und von einer Pelzmütze beschirmt.

Waterloo empfing uns herzlich und bemerkte hinsichtlich der Nacht, sie sei «ganz schön durchdringend». Ursprünglich habe er Strand Bridge geheißen, erklärte er uns, doch seinen gegenwärtigen Namen habe man ihm auf Ersuchen der Eigentümer verliehen, nachdem das Parlament beschlossen hatte, dreihunderttausend Pfund auf die Errichtung eines Denkmals zu Ehren des Sieges zu verwenden. Das Parlament habe den Wink begriffen (so Waterloo mit einer ganz geringen Spur von Ungnädigkeit) und sich die Ausgabe gespart. Natürlich sei der selige Herzog von Wellington der erste Passant gewesen, und natürlich habe er seinen Penny Brückenzoll entrichtet, und natürlich bewahre ein vornehmer Lord diesen Penny seitdem für alle Zeiten auf. Der Fußhebel und die Registriervorrichtung der Zollstation (eine höchst raffinierte Erfindung, um Betrug auszuschließen) seien von Mr. Lethbridge ersonnen worden, seinerzeit Bühnenrequisiteur am Drury Lane Theatre.

Ob wir uns über Selbstmörder informieren wollten, fragte Waterloo. Ha! Nun ja, davon habe er eine ganze Menge zu sehen bekommen, das könne er uns versichern. Einige Selbstmorde habe er verhindert. Man stelle sich nur vor: Eines Tages kam eine Frau, ziemlich ärmlich anzusehen, zum Drehkreuz herein, knallte einen Penny hin und wollte ohne ihr Wechselgeld weitergehen! Waterloo schöpfte Argwohn, sagte zu seinem Gehilfen: «Pass auf den Eingang auf», und rannte ihr nach. Sie war am dritten Zwischenraum zwischen den Pfeilern angekommen und auf die Brüstung geklettert, im Begriff, runterzuspringen, als er sie packte und sie dann der Polizei übergab.

Auf dem Polizeirevier sagte sie am nächsten Morgen, es sei wegen Sorgen und einem bösartigen Ehemann gewesen.

«Wohl möglich», sagte Waterloo versonnen zu Pi und mir, wobei er sein Kinn in seinen Schal senkte. «Sorgen sind ja recht verbreitet, wie man weiß – und bösartige Ehemänner auch!»

Ein andermal gelang es einer jungen Frau, sich um zwölf Uhr mittags am hellichten Tag durch das Drehkreuz zu schmuggeln, und sie flitzte davon; und noch bevor Waterloo sie erreichte, war sie auf die Brüstung gesprungen und hatte sich hinuntergestürzt. Alarm, Wasserpolizei, guter Ausgang. – Ihre Kleider hatten sich gebauscht und sie als Rettungsring über Wasser gehalten.

«Hier ist die Stelle», sagte Waterloo. «Wenn die Leute mitten in den Nischen zwischen den Brückenpfeilern von der Brüstung springen, dann ertrinken sie so gut wie nie, sondern sie werden zerschmettert, die armen Dinger; das ist es, was ihnen blüht; sie stürzen sich auf die Stützpfeiler der Brücke. Aber man muss nur», sagte Waterloo vertraulich, indem er einen Zeigefinger in ein Knopfloch meines Mantels steckte, «man muss nur am Rand von den Nischen runterspringen, dann fällt man geradewegs in den Fluss unter der Brücke. Man muss nur wissen, wie man reinspringen muss! Der arme Tom Steele aus Dublin zum Beispiel. Ist nicht getaucht! Ist einfach nicht getaucht! Du lieber Himmel, ist einfach nicht reingetaucht! Ist platt wie eine Flunder aufgekommen, so dass es ihm den Brustkorb zerschmettert hat, und er hat noch zwei Tage gelebt!»

Ich fragte Waterloo, ob für diese schrecklichen Zwecke eine Seite der Brücke bevorzugt werde. Er überlegte und sagte dann, ja, die gebe es. Er würde sagen, es sei die südliche Seite.

Einmal waren drei ehrbar aussehende Männer durch das Drehkreuz gegangen, nüchtern und ruhig, und waren einige Schritte weitergegangen, als der Mann in der Mitte plötzlich ausrief: «Weg mit Jack!», und im Handumdrehen über das Geländer gesprungen war.

War der Leichnam gefunden worden? Nun ja, daran konnte Waterloo sich nicht recht erinnern. Es waren Schriftsetzer gewesen, das wusste er.

Er fand es erstaunlich, wie schnell die Leute waren! Denken Sie sich nur, da kommt eines Weihnachtsabends eine Droschke mit einer jungen Frau darin, die Waterloos Meinung nach ein bisschen zu viel getrunken hatte; sie war sehr hübsch – sehr hübsch. Sie ließ die Droschke am Eingang halten und sagte, sie wolle den Kutscher dort bezahlen, und das tat sie, obwohl es anfangs einige Unstimmigkeiten über den Betrag gab, weil sie zuerst nicht recht zu wissen schien, wohin sie eigentlich hatte fahren wollen. Jedenfalls bezahlte sie den Kutscher und zahlte dann den Brückenzoll und sah Waterloo an (ihm war, als kenne sie ihn, verstehen Sie!), und sie sagte: «Ich werde ein Ende finden!» Nun, dann fuhr die Droschke weg, und Waterloo blieb ein wenig im Zweifel zurück, und während die Droschke davonfuhr, lief die junge Frau los, strauchelte nicht, stürzte nicht, lief an mehreren Leuten vorbei die Brücke entlang und sprang aus der zweiten Nische. Bei der Leichenschau wurde bezeugt, dass sie im Hero of Waterloo mit jemandem gestritten hatte, und der Befund lautete Eifersucht. (Eine der Erkenntnisse, die Waterloos Erfahrung gezeitigt hatte, besagte, dass Eifersucht recht verbreitet sei.)

«Ob wir es auch manchmal mit Geisteskranken zu tun haben?», erwiderte Waterloo auf meine diesbezügliche Frage. «Tja, das haben wir. Wir hatten schon den einen oder anderen, vermutlich aus dem Narrenhaus weggelaufen. Einer hatte keinen halben Penny, und weil ich ihn nicht durchlassen wollte, ist er ein paar Schritte zurückgetreten, hat sich gebückt, ist losgerannt und hat das Drehkreuz wie ein Widder mit dem Kopf attackiert. Seinen Hut hat er dabei gewaltig ramponiert, aber seinem Kopf scheint es nicht weiter geschadet zu haben – meiner Ansicht nach, weil er schon vorher einen Dachschaden hatte. Manchmal kommen Leute, die den halben Penny nicht haben. Wenn sie wirklich müde und arm sind, dann geben wir ihnen einen und lassen sie durch. Andere Leute lassen einem Sachen da, hauptsächlich Taschentücher. Ich habe schon Krawatten und Handschuhe kassiert, Taschenmesser, Zahnstocher, Manschettenknöpfe, Busennadeln und Ringe (in der Regel von jungen Stutzern und am frühen Morgen), aber Taschentücher sind die übliche Währung.»

«Regelmäßige Kunden?», sagte Waterloo. «Allerdings! Wir haben regelmäßige Kunden. Einer, ein so verbrauchter, verschlissener alter Schlaukopf, wie man ihn sich kaum vorstellen kann, kommt so regelmäßig um zehn Uhr abends vom Südufer herüber, dass man die Uhr nach ihm stellen könnte, und ich glaube, er sucht eine Gaunerspelunke am anderen Ufer auf. Er kommt jedes Mal Punkt drei Uhr morgens zurück und kann sich dann kaum auf seinen alten Beinen halten. Er geht immer die Treppe zum Fluss runter, kommt wieder rauf und geht dann zur Waterloo Road runter. Immer genauso, weicht nie davon ab. Jeden Tag, sogar am Sonntag.»

Ich fragte Waterloo, ob er schon die Möglichkeit erwogen

habe, dass dieser Stammkunde eines Tages um drei Uhr morgens zum Fluss hinuntergehen und nicht wieder hinaufkommen könne. So schätze er ihn nicht ein, lautete die Antwort. Tatsächlich war es Waterloos Ansicht, die in seiner Beobachtung des alten Schlaufuchses gründete, dass er nicht so leicht hinters Licht zu führen sei.

«Und ein anderer komischer alter Kauz», sagte Waterloo, «der kommt so pünktlich wie der Kalender um elf Uhr vormittags an jedem sechsten Januar, um elf Uhr vormittags an jedem fünften April, um elf Uhr vormittags an jedem sechsten Juli und um elf Uhr vormittags an jedem zehnten Oktober. Fährt einen Klapperkasten, der wie ein Lehnstuhl aussieht, mit einem zotteligen kleinen störrischen Pony davor. Seine Haare sind weiß, sein Backenbart ist weiß, und er ist in tausend Schals eingemummt. Er kommt immer am gleichen Nachmittag zurück, und drei Monate lang bekommt man ihn nicht zu sehen. Er ist Marinekapitän – im Ruhestand – sehr betagt – sehr eigen – hat unter Lord Nelson gedient. Legt großen Wert darauf, seine Pension im Marineministerium in Somerset House abzuholen, bevor es zwölf Uhr ist. Habe gehört, er soll gesagt haben, es wäre nicht im Sinn des Parlamentsgesetzes, wenn er sie nach zwölf Uhr abholen würde.»

Nachdem unser Freund Waterloo diese Anekdoten ganz ungezwungen erzählt hatte, was die zuverlässigste Garantie für ihren Wahrheitsgehalt darstellte, zog er sich wieder in die Tiefen seines Schals zurück, um zu verstehen zu geben, dass sein Gesprächsstoff erschöpft sei und er genug Ostwind genossen habe, als mein anderer Freund Pi ihn im Handumdrehen wieder an die Oberfläche zurückbeförderte, indem er ihn fragte, ob er bisweilen beim Ausüben seiner Pflichten Gegenstand von tätlichen Angriffen und Misshandlungen werde. Waterloo wurde wieder munter und eröffnete auf der Stelle diesen neuen Schauplatz seiner Erinnerungen. Wir erfuhren, wie ihm «diese beiden Zähne» – dabei zeigte er an die Stellen, wo zwei Vorderzähne nicht vorhanden waren – von einem üblen Kunden ausgeschlagen worden waren, der sich eines Abends über ihn (Waterloo) hergemacht hatte, während sein Genosse und Spießgeselle (der des üblen Kunden) sich über die Schürze mit den Geldtaschen der Zolleinnahmen hergemacht hatte, wie Waterloo die Zähne gehen ließ («zum Teufel», wie er es etwas unbestimmt ausdrückte), mit dem Schürzendieb rang, wobei der üble Kunde weglaufen konnte, und wie er (Waterloo) die Einnahmen rettete, seinen Mann dingfest machte und ihn Gericht und Gefängnis überantwortete. Oder wie eines anderen Abends ein «Spitzbube» Waterloo überfallen hatte, als dieser am Eingang seiner Brücke für Reiter und Fuhrwerke Dienst tat, und wie der «Spitzbube» ihm zuerst mit seiner Peitsche einen Schnitt am Kopf verpasst und ihn dann ohne viel Federlesens übers Knie gelegt hatte. Wie Waterloo «nicht dumm» gewesen war und den Spitzbuben die ganze Waterloo Road entlang verfolgt hatte, durch die Stamford Street und bis zur Blackfriars Bridge, wo der Spitzbube plötzlich in einer Schenke verschwunden war. Wie Waterloo ebenfalls in der Schenke verschwunden war, wo ein Helfershelfer des Spitzbuben, der zufällig gerade an der Bar einen Schluck zu sich nahm, Waterloo aufhielt; und wie der Spitzbube aus dem Wirtshaus verschwand, über die Straße und die Holland Street entlangrannte und weiß Gott wohin und in eine Bierkneipe lief. Wie Waterloo, der sich von dem Helfershelfer befreit hatte, dem Spitzbuben dicht auf den Fersen war, unter den Augen zahlloser Gaffer, die beim Anblick des rennenden Waterloo, dem das Blut am Gesicht hinunterlief, das Schlimmste annahmen und «Feuer!» und «Mörder!» brüllten in der Hoffnung, dass es sich in diesem Fall um eine der beiden oder um beide Kalamitäten zugleich handelte. Wie der Spitzbube schimpflich festgenommen wurde, in einem Schuppen, in dem er sich zu verstecken versuchte, und wie das Polizeigericht das Verfahren zuerst an den Zivilgerichtshof verweisen wollte und wie Waterloo zuletzt gestattet wurde, den Spitzbuben anzuhören, und wie der Spitzbube sich mit Waterloo aussöhnte, indem er seine Arztrechnung beglich (W. hatte seinen Dienst eine Woche lang nicht verrichten können) und ihm «dreikommazehn» bezahlte. Außerdem erfuhren wir, was uns schon zuvor geschwant hatte, dass nämlich der typische Sportsjünger, der das Pferderennen in Epsom besucht, sich, obwohl er den Rang eines Hauptmanns innehat, als alles andere denn als Ehrenmann und Gentleman erweisen kann, «wenn ihm der Sinn in allem Edelmut danach steht», wie Hauptmann Bobadil zu bemerken geruht, und seinem feinsinnigen Humor nicht nur Ausdruck verleiht, indem er langweilige Zivilisten mit Mehl und faulen Eiern bombardiert, sondern des zusätzlichen Nervenkitzels nicht entraten will, der darin besteht, «den Brückenzoll zu prellen», Waterloo «was zu verpassen», ihm «mit der Peitsche eins über den Kopf zu ziehen» und schließlich, wenn die Behörden ihn für diesen Überfall zur Rechenschaft ziehen wollen, das zu sein, was Waterloo als «minus» beschreibt oder, wie ich es vorsichtig einschätze, als nicht auffindbar. Ebenso erklärte Waterloo uns in Beantwortung meiner Fragen, die mein Freund Pi voller Bewunderung und Ehrerbietung vortrug, dass die Ein-

103

nahmen an der Brücke sich mehr als verdoppelt hatten, seit der Brückenzoll um die Hälfte gemindert worden war. Und auf die Frage, ob vorerwähnte Einnahmen aus viel Falschgeld bestünden, antwortete Waterloo mit einem Blick, der weitaus tiefer war als die tiefste Stelle des Flusses, *das* glaube er nicht! – und zog sich für den Rest der Nacht in seinen Schal zurück.

Daraufhin bestiegen Pi und ich abermals unser vierruderiges Langboot und glitten geschwind mit der Ebbe flussabwärts. Und während der beißende Ostwind uns tüchtig zauste und zwickte, als führte er schartige Rasiermesser mit sich, vertraute mir mein Freund Pi so manche interessante Einzelheit über die Themse-Polizei an, indes wir hin und wieder auf «Patrouillenboote» stießen, die in dunklen Winkeln unter der Böschung wie Unkraut aus dem Wasser ragten – unser Boot war ein «Überwachungsboot» – und die uns ihr «alles in Ordnung» mit ihrem verborgenen Licht signalisierten, worauf wir mit unserem Lichtsignal antworteten. Diese Patrouillenboote hatten jeweils einen Inspektor als Passagier und waren auf Randan-Weise bemannt, was man – zur Information für alle, die nicht wie ich die Ehre hatten, von einem Feuerwehrmann und Bootsmann ausgebildet worden zu sein, der beim Wettrudern die von Edmund Kean verliehene Preisbarke errungen hatte und der im Verlauf meiner Ausbildung Unmengen von Eierlikör (auf meine Kosten) in den verschiedenen besseren Wirtshäusern ober- und unterhalb der Waterloo Bridge zu sich nahm, keineswegs aus Vorliebe für dieses Getränk, sondern um eine konstitutionelle Schwäche der Leber zu kurieren, für welches Leiden besagtes Getränk von der Ärzteschaft einhellig empfohlen wurde – so erklären kann, dass zwei Ruderer und ein Skuller das Boot führen.

Und während wir unsere dunkle Hauptverkehrsstraße hinunterfuhren, unter den griesgrämig gerunzelten Stirnen und Augenbrauen von flussabwärts nacheinander Blackfriars Bridge, Southwark Bridge und London Bridge, erläuterte mir mein Freund Pi, dass die Themse-Polizei, deren Einsatzgebiet von Battersea bis nach Barking Creek reicht, über achtundneunzig Polizisten, acht Patrouillenboote und zwei Überwachungsboote verfügt; und dass diese Leute in ihren Booten so leise arbeiten und sich an so dunklen Orten auf die Lauer legen und so unauffällig und unsichtbar wirken und deshalb überall gewärtigt werden, dass sie sich allmählich zu einer Polizei der Vorbeugung entwickelt haben und dafür sorgen, dass sich auf dem Fluss kaum noch größere Verbrechen ereignen, obwohl die vermehrte Wachsamkeit an Land es ebenfalls merklich erschwert hat, vom Stehlen in den Straßen zu leben. Was die verschiedenen Gattungen der Diebe zu Wasser betreffe, sagte mein Freund Pi, gebe es da die «Schiffskontrolleure», die nachts lautlos neben Schiffen anlegen, die im Pool von London zum Be- und Entladen nebeneinanderliegen, sich zur Kajütentreppe schleichen und auf zwei Arten von Schnarchgeräuschen lauschen – Schnarchen Nummer eins, das des Kapitäns, Schnarchen Nummer zwei, das des Steuermanns, denn Steuermänner und Kapitäne schnarchen, dass der Schornstein wackelt, und wenn sie im Bett sind und schlafen, kann man sich auf ihr Schnarchen verlassen. Wenn die «Kontrolleure» das doppelte Geräusch hören, schleichen sie sich in die Kapitänskajüte hinunter, tasten auf dem Fußboden nach den Unaussprechlichen des Kapitäns, die dieser abzulegen pflegt, nach seiner Uhr, seinem Geld, seinen Hosenträgern und seinen Stiefeln und machen sich mit ihrer Beute lautlos davon. Dann gebe es die «Schauerleute», die als echte Schauerleute oder Löscharbeiter die Schiffe entladen. Diese Diebe tragen weite Segeltuchjacken, deren breiter unterer Saum innen eine große Tasche bildet, in der sie wie Clowns im Zirkus verblüffend große Gegenstände verstauen können. Auf diese Weise wird von den Dampfern viel Ware gestohlen (wie Pi mir anvertraute) – zum einen, weil Dampfer mehr kleinteilig verpackte Waren transportieren als andere Schiffe, und zum anderen, weil sie wesentlich schneller als andere Schiffe entladen werden müssen, damit sie die Rückfahrt antreten können. Die «Schauerleute» können ihre Beute unverzüglich an Schiffsausrüster weiterverkaufen, und die einzige Abhilfe bestünde darin, die Schiffsausrüster zu nötigen, eine Zulassung für ihre Läden zu erwerben, so dass sie von der Polizei so streng überwacht werden könnten wie Wirtshäuser. «Schauerleute» schmuggeln auch im Auftrag der Schiffsbesatzungen Waren an Land. Der Tabakschmuggel ist so gewinnbringend, dass es sich für die Tabakschmuggler lohnt, hydraulische Pressen zu benutzen, um ein Pfund Tabak zu einem Päckchen zusammenzuquetschen, das man in die Tasche stecken kann. Und dann, sagte mein Freund Pi, gebe es die «Trödler», nicht so sehr Diebe als vielmehr Schmuggler, deren Aufgabe es sei, größere Waren an Land zu bringen, als die «Schauerleute» transportieren können. Manchmal verkaufen sie Lebensmittel und anderes an die Schiffsmannschaften, um ihr eigentliches Gewerbe zu verschleiern und um an Bord zu gelangen, ohne Verdacht zu erregen. Viele von ihnen besitzen eigene Schiffe und verdienen gutes Geld. Neben diesen Dieben gebe es noch die «Schleppnetzfischer», die unter dem Vorwand,

Kohlen und dergleichen vom Grund des Flusses zu holen, neben Lastkähnen und anderen offenen Schiffen herumlungern und alles, was sie in die Hände bekommen können, über Bord werfen, wenn sich eine günstige Gelegenheit bietet, um es aus dem Wasser zu fischen, sobald das Schiff abgelegt hat. Manchmal benutzen sie ihre Schleppnetze voller Geschick, um alles in Reichweite einzusammeln. Darin sind manche von ihnen wahre Meister, und diese Art des Stehlens wird als trockenes Schleppnetzfischen bezeichnet. Daneben entwenden Schiffbauer und andere Arbeiter regelmäßig von den Werften ihrer Arbeitgeber eine Menge Zubehör wie Kupfernägel, Beschläge, Hartholz usw., das sie an Schiffsausrüster verhökern, und viele von ihnen werden nicht ertappt, weil sie fluchen wie die Besenbinder und verblüffend gerissene Ausreden für die gestohlenen Waren in ihrem Besitz zur Hand haben. Und daneben gebe es noch die Spezialisten in Sachen Spitzfindigkeit, denen zufolge Lastkähne «von ganz allein wegtreiben», worauf sie keinen Einfluss genommen haben – wenn man davon absieht, dass sie erst die Taue der Schiffe gekappt und die Schiffe danach geplündert haben –, harmlose Gesellen, die nichts Böses im Schilde führen und nur das Pech hatten, die Findelkinder auf der Themse herumirren zu sehen.

Inzwischen bewegten wir uns fast lautlos und sehr gewandt zwischen den ankernden Schiffen, deren dicht gedrängte Rümpfe wie schwarze Straßen aus dem Wasser ragten. Vereinzelte schottische, irische oder ausländische Dampfer, die heizten, im Begriff, die Strömung zu nutzen, sahen mit ihren großen Schornsteinen und ihrer gewaltigen Höhe wie stille Fabriken zwischen gewöhnlichen Gebäuden aus. Im einen Augenblick weiteten die Straßen sich zu breiteren Plätzen, im nächsten verengten sie sich zu Gassen; doch die Reihen der Schiffe sahen in der Dunkelheit Häusern so ähnlich, dass ich fast hätte glauben können, mich in einer Nebenstraße Venedigs zu befinden. Es herrschte erstaunliche Stille, denn es waren noch ganze drei Stunden bis zur Flut, und bis auf vereinzelte Hunde schien niemand wach zu sein.

Und deshalb fingen wir keine Schiffskontrolleure ein und keine Schauerleute, keine Trödler und keine Schleppnetzfischer und auch keine anderen Personen oder Grüppchen mit bösen Absichten, und wir gingen bei Wapping an Land, wo die früheren Behördenräume der Themse-Polizei in eine Polizeiwache umgewandelt worden sind und wo die frühere Wachstube mit ihren Kajütenfenstern mit Blick auf den Fluss nun eine kuriose Arrestzelle ist, die in der Regel nichts weiter enthält als eine ausgestopfte Katze unter einem Glassturz und das erfreulich anzusehende Porträt eines unvergleichlichen Offiziers der Themse-Polizei, Inspektor Evans, dessen Sohn inzwischen seine Nachfolge angetreten hat. Wir sahen uns das Polizeiregister an, das vorbildlich geführt war, und stellten fest, dass die Vorbeugungsmaßnahmen so erfolgreich sind, dass es im Lauf eines ganzen Jahres keine fünfhundert Eintragungen gibt (inklusive solcher Delikte wie Trunkenheit oder Störung der Ordnung). Dann warfen wir einen Blick in die Gerätekammer, in der es nach Werg roch, gewürzt mit nautischen Artikeln wie wetterfester Kleidung, Tauen, Bootshaken, Skulls und Riemen, spartanischen Tragbahren, Steuerrudern, Pistolen, Dienstdolchen und dergleichen mehr. Dann besichtigten wir die Zelle, die hoch oben in der holzverkleideten Wand eine Öffnung belüftete, die wie ein Tellergestell aus der Küche aussah, und in dieser Zelle befand sich ein Betrunkener, dem überhaupt nicht warm war und der sehr begierig darauf war zu erfahren, ob es inzwischen Morgen sei. Dann ging es in einen angenehmeren Raum, eine Mischung aus Wachstube und Vorratskammer, wo eine Schwadron Steingutflaschen Aufstellung bezogen hatte in der Bereitschaft, sich mit heißem Wasser füllen zu lassen und jedem bedauerlichen Geschöpf angelegt zu werden, das hergebracht wurde, nachdem es aus dem Wasser gefischt worden war. Zuletzt schüttelten wir unserem ehrenwerten Freund Pi die Hand und liefen den ganzen Weg bis nach Tower Hill, bisweilen unter merklichem polizeilichen Misstrauen, bis uns warm wurde.

NACHBEMERKUNG

Am 7. Februar 1812 wurde Charles Dickens als zweites Kind des Ehepaars John Dickens (1785–1851) und Elizabeth Barrow (1789–1863) in Landport (heute Portsmouth) geboren. Von 1817 bis 1822 lebte die Familie in Chatham nahe den Mündungen der Themse und des Medway, und diese Jahre waren die glücklichste Zeit in Charles Dickens' Kindheit. 1823 wurde John Dickens, der als Marinezahlmeister arbeitete, nach London versetzt; im Jahr darauf kam er hoch verschuldet in das Schuldgefängnis, und der kleine Charles wurde aus der Schule genommen und auf Vermittlung eines Verwandten zum Geldverdienen in eine Schuhwichsefabrik geschickt. (Dieses traumatische Erlebnis belastete Dickens sein Leben lang.) Einige Monate später wurde Dickens senior aus dem Gefängnis entlassen, und Charles durfte wieder zur Schule gehen, aus der er allerdings wegen erneuter finanzieller Schwierigkeiten seines Vaters 1827 ausscheiden musste. Mit Fleiß und Ehrgeiz arbeitete Charles Dickens sich in kurzer Zeit vom Anwaltsschreiber zum Gerichtsstenographen und zum Parlamentsreporter hoch. Auf Vermittlung seines Onkels John Barrow arbeitete er von 1831 bis 1833 als Berichterstatter für den *Mirror of Parliament* und im Sommer 1832 einige Monate lang nebenher für *The True Sun*. Der junge Dickens war einer der gefragtesten Reporter jener Zeit; sein Freund Thomas Beard erinnerte sich später bewundernd an die Vielseitigkeit und die schnelle Auffassungsgabe des Freundes und Kollegen: «Als Reporter konnte ihm keiner das Wasser reichen. Selbst die flinkesten Kollegen ließ er weit hinter sich, wenn er wie der Blitz stenographierte und danach kaum weniger schnell die Kürzel entschlüsselte und ausformulierte.»

Seit 1833 tat Dickens sich neben seiner hauptberuflichen Tätigkeit als Reporter auch mit feuilletonistischen Texten in verschiedenen Zeitungen und Zeitschriften hervor; im Februar 1836 erschien eine Auswahl aus diesen Feuilletons unter dem Titel *Sketches by Boz* (*Londoner Skizzen*) in Buchform, ab März 1836 erschien Dickens' erster Fortsetzungsroman *Pickwick Papers* in monatlichen Folgen, von der ersten Nummer an noch populärer als die *Sketches*; der Verfasser war nun ein gemachter Mann. Im April 1836 heiratete Dickens Mary Hogarth, Tochter George Hogarths, der den neugegründeten *Evening Chronicle* herausgab, für den Dickens arbeitete. (Aus der Ehe gingen zehn Kinder hervor, neun blieben am Leben.)

Von da an veröffentlichte Dickens in rascher Folge die Romane, die ihn berühmt machten – zuerst als monatliche Fortsetzungsveröffentlichung, gefolgt von einer ersten Buchausgabe, die noch vor Abschluss des Fortsetzungsabdrucks erschien: 1837 bis 1839 *Oliver Twist*, 1838 bis 1839 *Nicholas Nickleby*, 1839 bis 1841 *Barnaby Rudge*, 1840 bis 1841 *The Old Curiosity Shop* (*Der Raritätenladen*), 1842 den Reisebericht *American Notes*, 1842 bis 1844 *Martin Chuzzlewit*, 1843 die erste der von da an jährlich verfassten Weihnachtsgeschichten (*A Christmas Carol in Prose*), 1846 den Reisebericht *Pictures from Italy*, 1846 bis 1848 *Dombey and Son*, 1849 bis 1850 *David Copperfield*, 1852 bis 1855 *Bleak House*, 1854 *Hard Times*, 1855 bis 1857 *Little Dorrit*, 1859 *A Tale of Two Cities* (*Eine Geschichte zweier Städte*), 1860 bis 1861 *Great Expectations* (*Große Erwartungen*), 1864 bis 1865 *Our Mutual Friend* (*Unser gemeinsamer Freund*) und 1870 die ersten Folgen des unvollendenten letzten Romans *The Mystery of Edwin Drood*.

Einen Kindheitstraum erfüllte Dickens sich 1856 mit dem Erwerb des Landsitzes Gad's Hill Place in der Nähe von Chatham. 1858 trennte er sich von seiner Frau und verlegte seinen Wohnsitz nach Gad's Hill Place; in diesem Jahr begann er mit den immens erfolgreichen öffentlichen Lesungen aus seinen Romanen, die ihm zwar ermöglichten, seinen schier erdrückenden finanziellen Verpflichtungen nachzukommen, aber seine Gesundheit ruinierten. Früh verbraucht und vorzeitig gealtert starb Charles Dickens am 9. Juni 1870 nach einem Schlaganfall.

Dickens begann seine schriftstellerische Laufbahn als Journalist, und er blieb dem Journalismus sein Leben lang treu. Obwohl er seit der begeisterten Aufnahme seines ersten Romans *Pickwick Papers* als Romancier auf Anhieb etabliert war und mit dem Schreiben seiner weiteren Romane mehr als ausgelastet gewesen wäre, reizte ihn immer wieder gerade die kleine Form des Feuilletonartikels, des politischen Kommentars oder auch des Brandbriefs an die Adresse der Öffentlichkeit.

Die feuilletonistische Impression erlaubte ihm eine ganz persönliche Herangehensweise, einen ungezwungenen Plauderton, ein gewissermaßen flanierendes Schreiben. Diesen spezifischen Ton bewunderte Dickens bei Vorgängern wie Joseph

Addison und Richard Steele – den Herausgebern der legendären Zeitschrift *The Tatler* – und bei Zeitgenossen wie Leigh Hunt, Charles Lamb oder Washington Irving, auf die er sich auch explizit bezog. Fremdsprachenkenntnisse, die über das notdürftige Entziffern von Speisekarten oder Zugfahrplänen hinausgingen, eine rege Reisetätigkeit und wiederholte lange Auslandsaufenthalte waren in späteren Jahren Voraussetzung dafür, dass Dickens die Feuilletons französischer und italienischer Zeitungen und Zeitschriften ebenso goutieren konnte wie die in seiner Muttersprache verfassten.

Politische und gesellschaftliche Themen, die ihm am Herzen lagen, Missstände, die es anzuprangern galt, Scheinheiligkeit und Selbstgerechtigkeit, die er in satirischen «offenen Briefen» geißelte, spielten in allen Romanen nach den *Pickwick Papers* eine wichtige Rolle, doch als Journalist konnte Dickens sich seinen Zorn oder seine Bestürzung unmittelbar vom Herzen schreiben, konnte er an die Menschlichkeit oder das Mitgefühl seiner Leser appellieren und mit deren Unterstützung konkret und ohne unnötigen Zeitverlust denen helfen, die Hilfe am dringendsten benötigten.

Aber selbst diese Vielfalt an Tätigkeiten, die einen weniger rastlos arbeitswütigen Menschen an den Rand der Verzweiflung gebracht hätte, ließ Dickens noch genügend Muße (wenn man es so nennen will), nicht nur ein ausgefülltes Privatleben zu führen, den mit seinem schriftstellerischen Ruhm verbundenen gesellschaftlichen Verpflichtungen nachzukommen und sich unermüdlich zu bemühen, Londoner Prostituierten zu helfen, aus dem Teufelskreis von Armut und Straßenstrich auszubrechen, sondern daneben auch noch eine journalistische Tätigkeit auszuüben, die über das bloße Verfassen von Artikeln weit hinausging. Seit seinen frühesten Fingerübungen als Journalist hatte ihn die Herausgeberschaft mit all ihren Aspekten fasziniert, vom mühsamen Redigieren und Überarbeiten einzelner Artikel aus fremder Feder bis zur Verantwortung für die Ausrichtung, das «Gesicht», einer Zeitschrift und nicht zuletzt für ihren Erfolg.

Nach den ersten Veröffentlichungen von Feuilletons aus Dickens' Feder in Wochen- und Monatszeitungen mit liberaler Gesinnung wie dem *Monthly Magazine*, dem *Morning Chronicle*, *Bell's Weekly Magazine* und ab Anfang 1835 dem *Evening Chronicle* (den Dickens' späterer oder eher baldiger Schwiegervater George Hogarth leitete) arbeitete der angehende Schriftsteller noch drei Jahre lang, von 1834 bis Ende 1836, als Reporter für den *Morning Chronicle* und kurzzeitig auch für den *Evening Chronicle*, denn in dieser Funktion war er Redaktionsmitglied mit festem Gehalt, während die feuilletonistischen Artikel ihm nur ein Zubrot einbrachten.

Nachdem Dickens unversehens zum erfolgreichen Schriftsteller geworden war, konnte er den Brotberuf des Zeitungsreporters an den Nagel hängen. Er schrieb auch später politische und gesellschaftskritische Artikel für den *Examiner* und die *Daily News*, aber er war nun hauptberuflicher Romancier.

Dennoch war es für den geborenen Zeitungsmann Dickens mehr als verlockend, von dem Verleger Richard Bentley im Januar 1837 die Herausgeberschaft der neugegründeten Zeitschrift *Bentley's Miscellany* angeboten zu bekommen. Dickens sollte nicht nur die Zeitschrift leiten, sondern auch Beiträge verfassen, was seinen eigenen Wünschen entgegenkam. Bentley versprach ihm weitgehend freie Hand, doch darunter verstanden die beiden Vertragspartner offenbar sehr verschiedene Dinge, denn nach lang gehegtem und nicht verheimlichtem Unmut trat Dickens im Januar 1839 von diesem Posten zurück.

Seine Verleger Chapman & Hall konnte Dickens zu dem Zugeständnis bewegen, ihn eine Zeitschrift unter eigener Regie veröffentlichen zu lassen, die unter dem Titel *Master Humphry's Clock* von April 1840 bis Dezember 1841 erschien; der hauptsächliche Zweck dieses Magazins war der Vorabdruck der neuen Romane von Charles Dickens – *The Old Curiosity Shop* und *Barnaby Rudge* –, die während der Lebensdauer des Faszikels darin veröffentlicht wurden, doch darüber hinaus mangelte es der Zeitschrift am entscheidenden Lebensfunken, und vielleicht war Dickens als Zeitungsmacher noch nicht erfahren genug, diesen Funken zum rechten Zeitpunkt zu entfachen oder dem Periodikum einzuhauchen.

1844 trennte Dickens sich im Streit über die Aufteilung der mit *A Christmas Carol in Prose* erzielten Erlöse und insbesondere über die ihm in Rechnung gestellten Kosten von seinen Verlegern Chapman & Hall und wechselte zu Bradbury & Evans. Und nach langer Pause als Herausgeber wurde ihm von seinen neuen Verlegern die Leitung einer ganz nach eigenem Gusto zu gestaltenden Zeitschrift angeboten, was er sofort annahm. Die neue Zeitschrift sollte endlich so beschaffen sein, wie Dickens sich eine zeitgemäße Zeitschrift für das gebildete Bürgertum breiter Schichten vorstellte: unterhaltsam, wissensgesättigt, amüsant und mit literarischem Anspruch. Im März 1850 erschien die erste Ausgabe von *Household Words* (der Name entstammt einem Shakespeare-Zitat aus *Heinrich V.*) mit der ersten Fortsetzungsfolge des neuen Romans von Elizabeth Gaskell, Gedichten, biographischen und historischen Texten, Artikeln über das Leben in London unter all seinen Aspekten und einem Bericht über die Auswanderung nach Australien.

Household Words verkaufte sich seit der ersten Nummer gut; der Gewinn ging zur Hälfte an Dickens und zur Hälfte an Bradbury & Evans. Von Anfang an bestand kein Zweifel daran, dass der Erfolg der Zeitschrift darauf beruhte, dass sie «von Charles Dickens herausgegeben» war. Einem unerwarteten Rückgang der Auflage begegnete Dickens, indem er den Vorabdruck seines neuen Romans *Hard Times* ab April 1854 in wöchentlichen Folgen einrückte, und von da an boten die Verkaufszahlen der Zeitschrift bis zum Ende keinen Grund zur Klage.

Animositäten erwuchsen dieses Mal nicht aus divergierenden Ansichten über die Führung einer Zeitschrift, sondern aus Dickens' eigenwilligen Vorstellungen über den Umgang mit seinem Privatleben gegenüber der Öffentlichkeit. Nach der Trennung von seiner Ehefrau (die ihm seine schwärmerische oder auch weniger unschuldige Liebe zu der jungen Schauspielerin Ellen Ternan nicht verzeihen konnte) und seinem Wunsch, einen desaströsen offenen Brief, in dem er die Schuld an allen Zerwürfnissen relativ ungeschminkt seiner Frau zum Vorwurf machte, von seinen Verlegern in ihrer Zeitschrift *Punch* veröffentlicht zu sehen, nahm er deren Weigerung, diese öffentliche Selbstenthauptung zu unterstützen, zum Anlass, sich im Zorn von ihnen zu trennen und zu seinen vormaligen Verlegern Chapman & Hall zurückzukehren. Im April 1859 erwarb Dickens für einen Spottpreis die Rechte an *Household Words*, und im Monat darauf stellte er die Zeitschrift ein.

Neben anderen vorteilhaften Konditionen boten seine ehemaligen und neuen Verleger Dickens die Leitung einer Zeitschrift an, über die er als Haupteigentümer auch so gut wie unbeschränkten Einfluss haben würde. Nach langem Hin und Her ließ Dickens sich von seinem Freund John Forster dazu überreden, den abermals Shakespeare entlehnten Namen *All the Year Round* zu wählen, der wesentlich unverfänglicher war als die von Dickens zuerst bevorzugten Formulierungen mit ihrem peinlichen bis unfreiwillig komischen Beigeschmack glücklichen Familienlebens.

In *All the Year Round* wurde der Literatur eine merklich größere Rolle eingeräumt als in *Household Words*. Neben dem Fortsetzungsroman gab es Erzählungen in Fortsetzungen und Kurzgeschichten. Eröffnet wurde die neue Zeitschrift mit dem Fortsetzungsabdruck von Dickens' *A Tale of Two Cities* (April bis November 1859), gefolgt von Wilkie Collins' *The Woman in White* (November 1859 bis August 1860) und von Charles Levers *A Day's Ride, A Life's Romance* (August 1860 bis März 1861). Levers sorglos zusammengestrickter Episodenroman sollte nicht nur Dickens' hoch gespannte Erwartungen enttäuschen, sondern vergrämte als denkbar größter Gegensatz zu Collins' raffiniert konstruiertem Spannungsthriller auch das Publikum und bescherte dem neuen Periodikum nach wenigen Folgen so desaströse Verkaufszahlen, dass Dickens sich als Herausgeber genötigt sah, Lever mehr oder weniger taktvoll zu verstehen zu geben, dass er allen Kredit verspielt hatte, und unverzüglich für Abhilfe zu sorgen, indem er einen eigenen Roman einrückte, den er ursprünglich für ein monatliches Fortsetzungsformat vorgesehen hatte. Dickens musste befürchten, dass das Publikum seine Gunst dem im Dezember 1859 gegründeten *Cornhill Magazine* schenken würde, einer aufwendig ausgestatteten und reich illustrierten Monatszeitschrift, die sein ehemaliger Freund und nunmehr ausschließlicher Rivale W. M. Thackeray leitete. Mit dem wöchentlichen Fortsetzungsabdruck von *Great Expectations* in *All the Year Round* konnte Dickens sein Publikum versöhnen, die Absatzzahlen kletterten in ungeahnte Höhen, und die Zeitschrift war gerettet.

Thackeray hatte in der Konkurrenzzeitschrift *Cornhill Magazine* eine Rubrik mit der Überschrift «Roundabout Papers» begründet, in der er sich ganz zwanglos an seine Leser wandte und mit ihnen plauderte. Dickens hatte schon immer großen Wert auf eine persönliche Beziehung zu seiner Leserschaft gelegt, und Thackerays Idee leuchtete ihm sofort ein. Den unbeschwerten Plauderton hatte er schon in vielen früheren Beiträgen gepflegt; es galt nur noch, den richtigen Rahmen für die neue Artikelserie zu finden, und dabei kam ihm der Zufall zu Hilfe. Am 22. Dezember 1859 hatte Dickens vor der Commercial Travellers' School, der Vereinigung der Handelsreisenden, eine Rede gehalten und hatte Parallelen zwischen den Handelsreisenden und den großen Forschungsreisenden gezogen. Die Rolle, in die er schlüpfen wollte, war gefunden: Er würde als Uncommercial Traveller, als Reisender ohne Gewerbeschein, die Welt im Kleinen und im Großen durchstreifen. Bis zu seinem Tod neun Jahre später veröffentlichte Dickens unter diesem Titel sechsunddreißig Essays und Berichte, die einen Höhepunkt seines journalistischen Schreibens darstellen.

Dickens' vertrauter Mitarbeiter und Miteigentümer von *All the Year Round* W. H. Wills erkrankte im Mai 1868, woraufhin Dickens' ältester Sohn Charley Wills' Funktion weitgehend übernahm; kurz vor seinem Tod ernannte Dickens Charley offiziell zu seinem Vertreter, und testamentarisch vermachte er ihm seine Anteile an der Zeitschrift. 1871, ein Jahr nach Dickens' Tod, kaufte Charley Dickens W. H. Wills dessen Minderheitenanteil ab; als Alleinherausgeber leitete er *All the Year Round* bis 1895 und veröffentlichte darin unter anderem drei Romane Anthony Trollopes in Fortsetzungen. Etwas vom journalistischen Geist seines Vaters hatte er zu bewahren verstanden.

EDITORISCHE NOTIZ

Diese Auswahl journalistischer oder essayistischer Texte Charles Dickens' stellt Artikel vor, in denen der Verfasser sich mit nächtlichen Phänomenen beschäftigt. Texte über die Nacht aus den frühen *Sketches by Boz* wurden nicht berücksichtigt, denn sie liegen in verschiedenen Übersetzungen auf Deutsch vor. Die ausgewählten Texte hat Dickens zwischen 1853 und 1863 verfasst, und sie sind Kabinettstückchen seines Spätstils, der sich durch eine unerhörte Virtuosität in der Handhabung der sprachlichen Mittel auszeichnet.

Textgrundlage der Übersetzung sind der dritte und der vierte Band der vierbändigen Ausgabe der journalistischen Arbeiten Charles Dickens' – *The Dent Uniform Edition of Dickens' Journalism* –, herausgegeben von Michael Slater (Band 3, «Gone Astray» and Other Papers from *Household Words* – 1851–59; London, 1998) und von Michael Slater und John Drew (Band 4, *The Uncommercial Traveller* and Other Papers – 1859–70; London, 2000). Am Ende ihrer Einleitung zu Band 4 schreiben die Herausgeber Michael Slater und John Drew zusammenfassend über den Journalisten Charles Dickens: «Der tatkräftige junge Reporter des *Morning Chronicle* mit seinem scharfen Auge (und Ohr) für die lächerlichen und die abstoßenden Aspekte des menschlichen Verhaltens, ‹Boz› mit seinen lebendigen Bildern des Londoner Alltagslebens, der Londoner Viertel und der typischen Londoner Figuren und der unbarmherzige polemische Journalist der späten 1840er Jahre mit seinen anonymen Beiträgen für den *Examiner* haben alle ihr Teil dazu beigetragen, den Dickens herauszubilden, der in den Jahren ab 1850 in seiner Kontroversen nicht scheuenden Zeitschrift *Household Words* ein schier unerschöpfliches Füllhorn vernichtender und hochgradig tagesaktueller Satire, spöttischer *jeux d'esprit* und ihresgleichen suchender Beispiele investigativen Journalismus' ausleerte. Nach den gewaltigen Umwälzungen in seinem Privatleben in der Zeit zwischen 1857 und 1859 kam es mit der Gründung seiner neuen Zeitschrift zu Dickens' Erfindung der Rolle oder Maske des ‹Reisenden ohne Gewerbeschein›. Dies ermöglichte ihm, eine Reihe von Texten zu schreiben, in denen all sein Können als Satiriker, als investigativer Reporter und als ungezwungen plaudernder Essayist höchste Entfaltung findet und in denen er dennoch, bedingt durch den Abstand, den die Maske oder Rolle ihm verschafft, zugleich imstande ist, sich selbst und seine Reaktion auf vergangene und gegenwärtige Erfahrungen zu beobachten und zu reflektieren, indem er mit der Pose spielt, deren er sich sehr wohl bewusst ist. Das macht die Essays des *Uncommercial Traveller* zu seiner größten journalistischen Leistung.»

Die Texte aus *Household Words* sind eine deutschsprachige Erstveröffentlichung; die erste (unvollständige) Buchausgabe des *Uncommercial Traveller* von 1868 erschien in Übersetzung unter dem Titel *Der ungeschäftliche Reisende* im Rahmen der Ausgabe «Sämtlicher Romane und Erzählungen» des Albin Schirmer Verlags in Naumburg (o. J., vermutlich um 1900) «in

sorgfältigster Verdeutschung von Paul Heichen». Die Anmer-
kungen der *Dent Uniform Edition* waren eine unverzichtbare
Hilfe beim Abfassen nachstehender Erläuterungen.

Neujahr

Unter dem Titel «New Year's Day» am 1. Januar 1859 in
Household Words erschienen. – Dickens vermischt in diesem
phantasievollen Text wahre und erfundene Kindheits- und
Jugenderinnerungen mit Impressionen seines mehrmonatigen
Aufenthalts in Genua in den Jahren 1844 und 1845 und seines
Paris-Aufenthalts im Winter von 1855 auf 1856. Die Wendung
vom «Vater» seiner «gegenwärtigen Person» bezieht sich iro-
nisch auf William Wordsworths berühmte Worte: «The child is
father to the man». Der Name Mrs. Pipchin, mit dem er die alte
Dame bezeichnet, die dem kleinen Jungen ein Geschenk kaufen
will, ist der Name einer unsympathischen alten Person aus dem
Roman *Dombey and Son*. «Soll es etwa keine Kuchen geben, nur
weil ich sie nicht knete» ist eine sehr freie Abwandlung einer
Stelle aus Shakespeares *Was ihr wollt* (2. Aufzug, 3. Szene: «Ver-
meinst du, weil du tugendhaft seiest, solle es in der Welt keine
Torten und keinen Wein mehr geben?», in der Schlegel-Tieck-
Fassung). Der «glückliche Karl», Namenspatron einer Straße in
Genua, ist Karl-Felix von Sardinien-Piemont (1765–1831), als be-
sonders reaktionärer Herrscher in aufgeklärten Zeiten die ge-
borene Zielscheibe für Dickens' Spott; den Namen Carlo Felice
verballhornt Dickens zum «glücklichen Karl». Ähnlich wie bei
Carlo Felice macht Dickens sich auch einen Spaß daraus, die
Namen der Pariser Theater zu übersetzen; beim Theater des
Doppelsinnigen und Komischen handelt es sich um das Théâtre

du Comique-Ambigu, beim Theater der Fröhlichkeit um das Théâtre de la Gaieté und beim Theater der Seiltänzer um das Théâtre des Funambules.

Die Nachtpost nach Calais

Unter dem Titel «The Calais Night Mail» am 2. Mai 1863 als Beitrag zum *Uncommercial Traveller* in *All the Year Round* erschienen. – In diesem Artikel spielt Dickens auf zuerst überraschende und sehr gekonnte Weise mit allen Stadien der Seekrankheit, darunter mit dem bekannten Phänomen, dass man die Anzeichen an anderen wahrnimmt, bevor man merkt, wie es um einen selbst steht. «Die fernen Hunde von Dover» und «als wäre ich Richard III.» spielen auf Shakespeares Stück an (1. Aufzug, 1. Szene: «Ich (…) von der Natur um Bildung falsch betrogen (…) und zwar so lahm und ungeziemend, dass Hunde bellen, hinke ich vorbei», sagt Richard in seinem Einleitungsmonolog). Bei den «irischen Liedern», mit denen der Seekranke sich abzulenken versucht, handelt es sich um ein Lied von Thomas Moore aus seinem Liederzyklus *Irish Melodies* (1807), das mit der zungenbrecherischen Zeile beginnt: «Rich and rare were the gems she wore». Die Worte «wie von einem religiösen Richardson ersonnen» beziehen sich nicht etwa auf Samuel Richardson (der erwiesenermaßen religiös war), sondern auf den seinerzeit bekannten Schausteller John Richardson. Die Formulierung «das Wort Calais in mein Herz eingeschrieben» ist eine Anspielung auf einen Mary I. (Maria die Katholische oder die Blutige genannt) zugeschriebenen Ausspruch nach dem Verlust der Stadt Calais 1558 im Krieg gegen Frankreich. Der «alte und fischige Geruch», den Dickens Calais attestiert, stammt aus Shakespeares *Sturm*; Trinculo sagt (im 2. Aufzug, 2. Szene): «s'ist ein recht ranziger und fischichter Geruch». «Korporal» und «Bebelle» sind Figuren aus Dickens' Erzählung «His Boots» in der Weihnachtsausgabe von *All the Year Round* für das Jahr 1862.

Verschämte Nachbarschaften
Unter dem Titel «Shy Neighbourhoods» am 26. Mai 1860 als Beitrag zum *Uncommercial Traveller* in *All the Year Round* erschienen. – Die dreißig Meilen Wanderung am frühen Morgen mögen sich prahlerisch ausnehmen, aber Dickens war für seine Gewaltmärsche bekannt (und bei Freunden, die ihn begleiten durften, berüchtigt). Die Entfernung von seinem Londoner Büro zu seinem Haus Gad's Hill Place auf dem Land betrug etwa dreißig Meilen, und er legte sie oft zu Fuß zurück. «Thomas Sayers aus Großbritannien und John Heenan aus den Vereinigten Staaten» sind zwei Faustkämpfer jener Tage; sie hatten am 17. April 1860 an dem Great Fight genannten Boxkampf teilgenommen, obwohl eine neue polizeiliche Verordnung solche Kämpfe untersagte. Izaak Walton ist der Verfasser der berühmten Abhandlung über das Philosophieren und das Fischen *The Compleat Angler* (1653), aber er hat auch Lebensbeschreibungen von John Donne, Henry Wotton, Richard Hooker und George Herbert verfasst; Dickens bezieht sich auf den *Compleat Angler* mit seinem anschaulichen und beschaulichen Stil. «Mensch und Bruder» ist eine Anspielung auf Josiah Wedgwoods Medaillon eines gefesselten schwarzen Sklaven mit der Inschrift «Am I not a man and brother?», das in Kreisen der Sklavereigegner reißenden Absatz fand; Dickens war selbst Abolitionist, was ihn

nicht daran hindert, das Medaillon albern zu finden. Die
«zweite Mrs. Southcott» ist eine Anspielung auf die religiöse
Fanatikerin Joanna Southcott, die behauptete, mit einem zweiten Christus schwanger zu sein, dem «Shiloh».

Schlaflosigkeit
Unter dem Titel «Lying Awake» am 30. Oktober 1852 in
Household Words erschienen. – George III. war nicht nur seit 1810
geisteskrank, sondern hatte zuvor durch seine unerbittlich kon-
servative Haltung maßgeblich zum Abfall der nordamerikani-
schen Kolonien beigetragen. Mit dem «glücklichen Paar» spielt
Dickens auf das eng mit ihm befreundete Ehepaar Richard
und Lavinia Watson an, dem er zum Zeichen seiner Zuneigung
David Copperfield gewidmet hatte. Die Hinrichtung des Ehepaars
Frederick George und Marie Manning am 13. November 1849,
zum Tode verurteilt wegen gemeinschaftlichen Mordes an Mrs.
Mannings Liebhaber (die Leiche begruben sie unter dem
Küchenfußboden, und dann flüchteten beide mit verschieden
großen Anteilen des Vermögens des Toten), hatte Dickens mit
angesehen, und dieses Erlebnis hatte ihn darin bestärkt, mit aller ihm zu Gebote stehenden Überzeugungskraft darauf zu
drängen, öffentliche Hinrichtungen abzuschaffen. Unmittelbar
nach der Hinrichtung schrieb er zwei Briefe an *The Times*, in
denen er die Verrohung des Publikums als unausweichliche
Folge öffentlicher Hinrichtungen, die als Spektakel betrachtet
wurden, anprangerte. Dickens' Haltung zur Todesstrafe selbst
hatte sich gewandelt: Er hielt sie mittlerweile in bestimmten
Fällen für ein notwendiges Übel, wollte ihre Durchführung
jedoch aus der Öffentlichkeit verbannt wissen. Die Pariser

Morgue hat Dickens bis an das Ende seiner Tage auf unheilvolle Weise fasziniert; sein erster Gang bei Paris-Besuchen führte ihn unfehlbar in dieses schaurige Leichenschauhaus, und es ist einigermaßen verblüffend, dass diese Art von «Gruseltourismus» ihm offenbar bei Weitem nicht so anstößig vorkam wie das Spektakel der öffentlichen Exekutionen. Über die Pariser Morgue hat er als Journalist immer wieder geschrieben. Der «gewesene Waschbär» bezieht sich auf eine Jagdanekdote aus Frederick Marryats *Diary in America* (1839). Bei den «brutalen Überfällen der letzten Zeit» handelt es sich vermutlich um verschiedene Überfälle auf Polizisten, über die in *The Times* berichtet worden war.

Nächtliche Streifzüge

Unter dem Titel «Night Walks» am 21. Juli 1860 als Beitrag zum *Uncommercial Traveller* in *All the Year Round* erschienen. – Dickens litt sein Leben lang an Schlafstörungen und Schlaflosigkeit. Dies erklärt die Überschneidungen mit dem Artikel «Schlaflosigkeit», denn es handelt sich um ein Thema, das Dickens zeit seines Lebens immer wieder beschäftigt hat. Das «bedrückende Erlebnis», auf das er zu Beginn des Artikels anspielt, ist der Tod seines Vaters nach einer ausnehmend scheußlichen und schmerzhaften Blasenoperation (ohne Betäubung). Von dem Anblick des blutbesudelten Krankenzimmers und des Todgeweihten, der seine Qualen in gewohnter Hol's-der-Teufel-Manier zu überspielen versuchte, sollte Dickens sich nie wieder erholen. Der «zerstückelte ermordete Mann» wurde 1857 in Form seiner Einzelbestandteile in einer Tasche an einem Pfeiler der Waterloo Bridge aufgefunden. Die Nachforschungen des

Außenministeriums und Scotland Yards ergaben, dass der Tote offenbar ein italienischer Polizist war, den italienische Revolutionäre in London ermordet hatten. Den Gerichtshof Old Bailey als «verruchtes Aceldama» zu bezeichnen ist nicht uneinleuchtend, bedenkt man, dass mit diesem Namen die Begräbnisstätte südlich der Jerusalemer Stadtmauer bezeichnet wurde, die Nichtjuden, also Unreinen, vorbehalten war. Die Figur Horace Kinch hat vermutlich kein unmittelbares Vorbild, auch wenn der verkrachte Dichter Charles Whitehead behauptet hat, sie sei nach ihm gestaltet worden (ein Ruhm, den ihm sicher niemand streitig machen wollte); da er auch damit zu prahlen pflegte, Dickens die Idee für die *Pickwick Papers* eingegeben zu haben, sind beide Behauptungen wahrscheinlich ähnlich zu bewerten.

Nächtliche Straßenszene in London
Unter dem Titel «A Nightly Scene in London» am 26. Januar 1856 in *Household Words* erschienen. – Der «dem Publikum wohlbekannte Freund», der Dickens auf diesem nächtlichen Ausflug begleitet, ist der Schausteller Albert Smith. Dickens hatte den Artikel seinem engsten Mitarbeiter W. H. Wills am 9. Januar aus Paris geschickt und hatte Wills gebeten, Smith die Fahnen zum Überprüfen zukommen zu lassen, damit Smith etwaige Ungenauigkeiten korrigieren konnte. John Forster hat die Straßenszene in seiner posthum erschienenen Dickens-Biographie zitiert, aber den Schausteller dabei diskret (oder prüde) verschwinden lassen. Smith gehörte offenbar zu den Aspekten des Lebens von Charles Dickens, die in eine Hagiographie keinen Eingang finden sollten. Mit den «unvernünftigen Anhängern einer vernünftigen Denkungsweise» zielt Dickens auf die

Utilitaristen, die er in seinem Roman *Hard Times* satirisch behandelt hatte.

Auf der Themse flussabwärts

Unter dem Titel «Down with the Tide» am 5. Februar 1853 in *Household Words* erschienen. – Der Unterschied zwischen diesem Artikel und dem vorausgegangenen ist auffällig, und das liegt weniger an dem humoristischen Ton, den Dickens hier immer wieder anschlägt, allen finsteren Sujets zum Trotz, sondern daran, dass die Schilderung der Elendsszene vor dem Londoner Armenhaus auf eine wahre Begebenheit zurückgeht, die Dickens zutiefst erschüttert hat, während der Text über die nächtliche Themsefahrt keinen Bericht eines realen Erlebnisses darstellt, sondern alles, was Dickens über die Themse-Polizei und die Brückenzolleinnehmer weiß, literarisch kondensiert. Der Begriff Pijacke (englisch *pea-coat* oder *pea-jacket*) leitet sich von dem holländischen Wort *piejekker* her und bezeichnet eine Seemannsjacke aus dickem, wetterfestem Stoff. Die Trompete, die für den Blinden rot ertönt, bezieht sich auf Dugald Stewarts Schrift *Elements of the Philosophy of the Human Mind* (1792–1827), in der dieses Wahrnehmungsbeispiel erwähnt wird. Hauptmann Bobadil ist eine Figur aus Ben Jonsons Stück *Every Man in His Humour* (1601); diese Figur war eine Paraderolle Dickens' in den von ihm geliebten Amateurtheateraufführungen mit Freunden und Bekannten.